企业财务公平理论在非营利组织中的应用研究

李 霞 著

中国财经出版传媒集团

经济科学出版社
Economic Science Press

图书在版编目（CIP）数据

企业财务公平理论在非营利组织中的应用研究/李霞著.
—北京：经济科学出版社，2018.11
ISBN 978 - 7 - 5141 - 9822 - 5

Ⅰ.①企…　Ⅱ.①李…　Ⅲ.①非营利组织－财务管理－
研究　Ⅳ.①F235

中国版本图书馆 CIP 数据核字（2018）第 233822 号

责任编辑：黄双蓉
责任校对：隗立娜
责任印制：邱　天

企业财务公平理论在非营利组织中的应用研究
李　霞　著
经济科学出版社出版、发行　新华书店经销
社址：北京市海淀区阜成路甲 28 号　邮编：100142
总编部电话：010 - 88191217　发行部电话：010 - 88191522
网址：www.esp.com.cn
电子邮件：esp@esp.com.cn
天猫网店：经济科学出版社旗舰店
网址：http://jjkxcbs.tmall.com
固安华明印业有限公司印装
787×1092　16 开　12.75 印张　200000 字
2018 年 11 月第 1 版　2018 年 11 月第 1 次印刷
ISBN 978 - 7 - 5141 - 9822 - 5　定价：39.00 元
（图书出现印装问题，本社负责调换。电话：010 - 88191510）
（版权所有　侵权必究　打击盗版　举报热线：010 - 88191661
QQ：2242791300　营销中心电话：010 - 88191537
电子邮箱：dbts@esp.com.cn）

前　言

公平是经济社会发展进程中亟待研究解决的一个重要问题，越来越受到人们关注。财务公平作为公平理论的重要组成部分，是经济公平的核心内容。从广义上看，财务公平涵盖与全社会资源和财权配置及财务信息传导相关的公正性，狭义上只涉及与各类组织、单位资源和财权配置及财务信息传导相关的公正性。将企业财务公平理论应用于非营利组织，构建非营利组织财务公平理论并付诸实施，有利于节约社会公平达成与维持费用，促进公平正义实现；有利于节约非营利组织运作费用，规范领导人关联交易行为、管理者在职消费行为和受益者对受益资金随意挥霍行为；有利于提高非营利组织资金使用效率与效益，提升组织财务治理能力与财务管理水平；有利于促进和谐共生的社会文化与组织文化建设。

本书综合运用多种学科理论与方法，将企业财务公平理论运用于非营利组织当中，构建出非营利组织财务公平理论体系。该理论体系既有组织财务治理和财务管理客观层面的保障，又在主观层面反映了利益相关者实际感受，内容全面，符合现实，结论可行，是非营利组织解决现存各种不公平财务问题的有益探索和有效途径；构建了非营利组织协同财务治理模式，通过内部财务治理和外部财务治理，共同完成组织公共受托责任；采用定量方法综合分析非营利组织财务风险：基于财务公平安全预期考量，利用我国非营利组织财务数据，采用功效系数法对组织财务风险进行衡量，更加客观准确地反映了我国非营利组织财务安全度。使用主成分分析对财务风险成因进行探析，找出关键影响因子，以"对症下药"；采用结构方程深入分析非营利组织主观财务公平：通过理论分析与调研，开发非营利组织财务公平度量量表，并据此设计调查问卷，用结构方程分析公募基金会个人出资者财务公平感知对捐赠意愿的影响及非营利组织员工财务公平感知对组织效果的影响。

本书对财务公平理论研究内容与研究方法的突破进一步充实了财务公平理论，丰富了非营利组织财务理论和非营利组织管理理论；通过财务数据与调查问卷数据的获得与恰当处理使研究结论更加贴切实际，适用性更强，为我国非营利组织各种财务问题及管理问题的解决提供了现实依据和可行路径。

本书可为非营利组织研究人员、财务公平研究人员、非营利组织管理者、政府相关管理部门以及其他关注非营利组织发展的人员提供参考和借鉴。

由于笔者水平有限，书中难免存在疏漏与不当之处，欢迎您提出宝贵意见！

李霞

2018 年 10 月于蚌埠

目 录

CONTENTS

第 1 章

导　论

1.1　研　究　背　景

公平问题正受到全世界经济学、管理学、政治学、社会学、伦理学等各领域业界和学界越来越多的关注。皮凯蒂（Piketty，2014）认为，就收入分配而言，人类经过 19 世纪的极端不平等和 20 世纪上半叶的相对平等，正经历着 21 世纪可能的越来越不平等。收入极度不平等一定程度上也是金融危机的成因之一。在他看来，收入不平等程度不断提高是市场经济自然而然的结果，但是仅仅依靠市场机制却无法解决收入不平等问题。资本日益集中是其自我增值趋势所致。而且在全球金融危机后人们对不平等的不满情绪较之经济高速增长时更为明显。吉迪恩·拉赫曼（Gideon Rachman）将其表述为我们已经进入"全球愤怒"时代。

改革开放以来，我国经济社会发展取得了令人瞩目的可喜成就，但也存在不和谐因素，贫富差距扩大是其中之一。20 世纪 80 年代初我国收入不平等程度开始加剧，90 年代加速提高，如今收入最高的 1% 群体占有 10% ~ 11% 的国民收入[①]。据统计，基尼系数在改革开放初期是 0.28，较为平均，

---

① 何帆：《21 世纪资本论导读》，中信出版社 2005 年第 1 版。

进入 21 世纪后上升较快。2003 年为 0.479，2004 年为 0.473，2005 年为 0.485，2006 年为 0.487，2007 年为 0.484，2008 年为 0.491。之后有所回落，2009 年为 0.490，2010 年为 0.481，2011 年为 0.477，2012 年为 0.474，2013 年为 0.473[①]，近年来均在 0.47 以上高位运行，超过了国际警戒线标准 0.4。财富公平问题，已经成为我国经济社会转型发展时期亟待研究解决的一个重要问题。

党的十八大报告将兼顾效率与公平作为初次分配与再分配的要求，强调再分配中更要注重公平。李克强总理在 2015 年政府工作报告中指出，要加快发展社会事业以增进民生福祉，促进社会公平正义。党的十九大报告也强调要促进社会公平正义。维护公平正义的改革已经破题，中国社会正迈向更高层次的公平阶段。财务公平是公平理论研究的子课题，是经济公平的一项核心内容。研究财务公平理论能更好地丰富和充实公平理论，补充现有财务理论，有力推动社会发展进程。

1.2 提 出 问 题

财务公平广义上涵盖与全社会资源和财权配置及财务信息传导相关的公正性，狭义的财务公平则只涉及与各类组织、单位资源和财权配置及财务信息传导相关的公正性。在经济社会发展过程中，任何组织和单位都是自组织与他组织的结合，都需要依赖其所处环境及可利用资源谋求生存与发展。社会资源需要在第一部门、第二部门与第三部门之间进行分配，其份额取决于各方资源获取能力与各方之间的关系。具体到每个部门的单位和组织中，他们也需要依据经济利益关系或者自身使命获得一定资源。虽然不同类型组织财务活动内容不尽相同，但财务公平问题却同样存在。非营利部门的组织性质与组织使命要求实现非营利组织财务公平。

在我国社会主义和谐社会构建和中华民族伟大复兴过程中，非营利组织

---

① 张翼：《三问基尼系数》，载于《光明日报》，2014 年 1 月 21 日。

在提供社会服务、开展公益活动、维护社会稳定、保护生态环境、救助自然灾害以及促进经济社会发展等方面正发挥着日益重要的作用。为进一步全面深化改革，党的十八届三中全会通过的《中共中央关于全面深化改革若干重大问题的决定》在社会建设方面提出了要改进社会治理方式、激发社会组织活力。党的十八届四中全会通过的《中共中央关于全面推进依法治国若干重大问题的决定》中，指出要"加强社会组织立法，规范和引导各类社会组织健康发展"，"建立健全社会组织参与社会事务、维护公共利益、救助困难群众、帮教特殊人群、预防违法犯罪的机制和制度化渠道。支持行业协会商会类社会组织发挥行业自律和专业服务功能。发挥社会组织对其成员的行为导引、规则约束、权益维护作用"，发挥"社会组织在法治社会建设中的积极作用"。党的十九大报告也在多处直接或间接强调了社会主义现代化建设新征程中，非营利组织在保障和改善民生、社会治理与环境保护、民主政治建设、社区管理等方面均发挥着重要作用。非营利组织将进一步成为社会治理的重要主体和依托，成为推动社会发展不可或缺的重要力量。

然而，目前中国非营利组织发展中仍存在诸多问题，财务问题尤为突出，财务丑闻不绝于耳。从郭美美到卢美美，从河南宋庆龄基金会公地变豪宅、资金放贷到上海卢湾区红十字会"高额餐费"，从成都街头"善款发霉"到广东红会夏天发棉被，从三台县"5·12"地震赈灾物资变质腐烂到云南"慈善妈妈"王玉琼被举报骗政府项目敛财数千万等，这些事件接二连三地被曝光于大众视野之下，都暴露了中国非营利组织财务信息透明度相对不高、资金使用不当、服务能力较弱等财务问题，严重影响了组织乃至整个社会的公信力。这一系列事件犹如一记记重锤，不仅击毁了许多民众对非营利组织的信任度，也击碎了许多人的慈善之心。隐藏于这些事件背后的是组织利益相关者"权益"的不均衡状态，体现了对组织财务公平的迫切要求。

1.3　研究意义

非营利组织财务公平不仅能缓解当下贫富悬殊带来的种种社会问题，也是促进社会公平实现的重要途径，且能有效解决组织自身存在的各种财务及相关问题，更是组织可持续发展的现实路径，具有一定的经济价值、社会价值与人文价值。

1.3.1 经济价值

非营利组织财务公平是节约社会公平费用的要求。就社会整体而言，长远来看，从能力公平向需要公平是一个分配选择的趋势。厉以宁（1994）提出三次分配理论，包括市场按照效益进行的初次分配、政府通过财税经济杠杆进行的再分配和道德力量作用下的三次分配。非营利组织是第三次分配的中坚力量，可以减少政府在促进公平过程中进行公共选择所需的成本费用。对政府而言，在一些情况下，公平往往是一种交易费用昂贵的公共选择，通常会以牺牲效率为代价。理论上，当牺牲效率产生的富人收入减少与由此导致的穷人福利增加相等（如由累进所得税征收引致的收入减少等于由此增加的穷人福利）时，达到建立公平的合理边界。非营利组织作为对市场失灵和政府失灵作出反应的一种组织形式，具有缓解福利社会危机的功能，可以以较政府更低的成本实现公平。追求社会公平的公益性非营利组织和追求局部公平的互益性非营利组织对于资源实现公平转移比政府征税后实行社会再分配效率要高。如果说企业的出现是应节约交易费用之需，那么非营利组织的出现在一定程度上可以说是应节约公平费用之需。

非营利组织财务公平是节约组织运作费用的要求。财务公平的实现可以使组织全体利益相关者利益结构和利益关系处于一种合理状态，使各方利益相关者达到相对满意。非营利组织利益相关者包括现实和潜在出资者（包括捐赠人、财政补助资金出资人身份的政府、债权人等）、组织管理人员和一般员工、承担管理监督职责的政府部门、组织受益方等。合理的财权制度安排、财务资源配置及财务信息流通不仅有利于理顺组织与外部利益相关者关系，而且有利于协调内部利益相关者关系。非营利组织运作及其管理是一项综合治理工作，各项活动都与资金元素相关，虽然没有利润至上的财务目标，也没有利润的晴雨表作用，但是组织运作离不开资金运动。财务管理行

为贯穿于各项组织行为之中。组织财务活动的筹资活动、投资活动及狭义用
资活动各环节均会发生相应成本费用。财务公平的实现，对内一是可以激发
普通员工积极性，提高员工忠诚度与组织认同感，提升组织凝聚力，使组织
成员行为更为高效，能够以更低成本做相同事情或者以相同成本做更多更好
的事情；二是可以推动决策科学性，尤其是财务决策程序公平，以看得见的
财务公正形式，节省大量组织管理费用；三是可以推进组织财务治理及组织
治理机制完善，并规范组织管理。对外一是可以激发捐赠人与潜在捐赠人捐
资主动性，有利于解决组织资金短缺问题；二是可以完善组织信息披露机
制，规范组织信息披露流程；三是可以提升债权人及作为财政补助资金提供
者的政府的出资意愿，开拓组织融资渠道；四是可以促进资金使用效益提
高，使组织资金发挥更大效用；五是可以更好地协调组织与其他利益相关者
关系，促使组织与行业领导者、同业其他类型组织、兄弟组织及其他相关环
境因素相关者更加和谐。综上，财务公平在非营利组织财务活动、财务关
系、财务环节中势必推行，自成体系，加之各项财务子公平链之间相互作
用，可以节省大量组织费用，推进组织可持续发展。

1.3.2　社会价值

非营利组织财务公平是推动社会主义和谐社会建设的要求。依据马恩理
论，社会公平必然会经历从相对不公平到相对公平这样一个渐进的历史过
程。社会公平是社会主义的本质要求。对一个公正和谐的社会而言，应最大
可能满足所有个体的正当利益，使社会共同利益最大限度发展，合理调控贫
富差距。2005 年 2 月，胡锦涛提出社会主义和谐社会构建思想，他指出公
平正义是社会主义和谐社会的一项重要内容。公平正义是中国特色社会主义
建设的重大任务，是和谐社会的一个重要特征。财务公平作为社会公平实现
路径之一，是实现社会公平不可回避的一项主要内容。只有真正实现了财务
公平，才能真正实现社会公平正义，促进社会主义和谐社会发展。

非营利组织财务公平是我国社会信用体系建设的要求。信用就像阳光、
空气和水一样，是经济生活赖以存在的环境，对于人类是不可或缺的。目

前，我国很多领域均存在道德失范、诚信缺失现象。诚信缺失已成为制约我国社会主义市场经济稳步高效发展的一个瓶颈，成为阻碍我国社会文明建设的一个主要因素。继党的十八大提出"加强政务诚信、商务诚信、社会诚信和司法公信建设"与党的十八届三中全会提出"建立健全社会征信体系，褒扬诚信，惩戒失信"之后，国务院于 2014 年 6 月发布《社会信用体系建设规划纲要（2014—2020）》，这是我国首部国家级社会信用体系建设专项规划。社会信用体系包括个人信用、组织信用和政府信用，非营利组织财务关系协调与均衡不仅有利于组织诚信建设，也有利于作为组织利益相关者的个人和政府诚信建设，从而有利于推动全社会信用体系建设。尤其是组织非分配财务特征和公益性组织慈善因子，使得组织诚信问题更为敏感，组织不诚信对社会信用体系的冲击也尤为明显。非营利组织失信行为对社会大众良知和道德心的打击比其他组织更为严重。非营利组织财务活动与财务关系中公平理念的实现有赖于社会信用，反之又会推动社会信用体系建设。

1.3.3 人文价值

非营利组织财务公平集中体现了组织公正的人文价值，有利于打造和谐共生的组织文化。财务公平之于组织的人文价值，主要体现在对非营利组织财务行为在人文道德、价值观上的积极作用。财务公平所反映的公平理念与以人为本的价值观要求组织采用有利于个人发展的柔性管理方式，将人作为管理中心，充分体现人的自我价值和充分尊重人性，激发人的自我价值实现，突出人的主体地位，进而塑造出符合人文精神要义的组织文化。财务公平要求全面考虑组织各方利益相关者利益，不能顾此失彼，使组织财务活动所辐射到的全部人员都能获得相对合理公平的待遇，体会到公正的存在并从组织公正的人文价值中感受到自身的存在与价值。

非营利组织财务公平能够促进人全面发展。马克思提出了人的全面发展的理论，人的全面而自由发展是马克思主义最高命题。马克思认为："任何人的职责、使命和任务就是全面发展自己的能力。"科学发展观强调以人为本，以实现人的全面发展为目的。非营利组织财务公平客观维度地实现为组织内外个人全面发展提供了良好环境和氛围。相对公平的利益平衡与责权制衡机制，对人的观念、人与社会人假设，都反映了充分体现人的自我价值和尊重人性的要求。非营利组织财务公平所体现的组织公正的人文价值、所推进的社会诚信体系的完善，都为个人的全面发展提供了适合语境和正能量，能够更好地促进人的需求、社会关系和个性发展。

1.4　文　献　综　述

1.4.1　国内外研究现状

公平，也称为公正，是相对于不公平、不公正、不平等而言的。公平理论之所以存在，正是因为存在不公平、不公正或不平等现象。究其根源，卢梭认为，"从一个人发现拥有两份食物的好处时，原本存在于自然状态下的平等就不存在了。"他将人类存在的不平等（inequality）分为两种：一种是自然不平等，包括在年龄、体质强弱和心智上的各种差异；另一种不平等则依靠一种特定的制度安排。这些不公平势必循环发展，不断变动与演化，逐渐形成财富、权力等的更加不公平。依据研究视角不同，公平分为经济公平、政治公平、社会公平、心理公平等。依据马克思主义社会再生产环节，一般认为，经济公平包括生产公平、分配公平、交换公平和消费公平（胡平生，1996；汪荣有，2014）。生产公正是指生产活动的正当合理性（何建华，2004）。分配公正关注的是社会成员或群体之间经济资源配置问题。西方经济学家多将公平分为机会均等和结果均等，自由主义经济学家和凯恩斯主义经济学家分别强调机会均等和收入福利平等。无论如何，在经济学视角下对公平探讨均绕不开各种资源与相应权利的安排与配置，即财务公平问题。财务公平与经济公平相互交融，密不可分。财务公平广义上指全社会资源分配的公正性；狭义上指各种组织与单位资源分配的公正性。它包括财务活动、财务关系、财务管理环节中的公平，包括经济资源、社会资源、权力资源等内容的公平。此处所研究的财务公平意指后者。

财务公平理论作为一个成长中的财务学新课题，方兴未艾。它的提出在理论上可以弥补现有主流财务理论诸多不足之处，提高财务理论合理性与适用性。目前普遍使用的主要财务理论采用新古典经济学的许多假设与理论，如经济人假设、理性假设、零嵌入假设等。自金融危机以来，主流西方经济学在一定程度上受到了各方冲击，原因之一在于它未能解决全球一些紧迫社会问题，如不平等和全球气候变暖等。主流经济学的一些局限性也反映在应用经济学分支主流财务学理论中。长期以来，主流经济学一直把社会因素排斥在理论框架之外。受其影响，公司财务学至今仍建立在财务作为独立系统的基础上（李心合，2012）。这种"独立系统"的财务理论以理性经济人假说为前提，采用个体主义方法论，以股东价值最大化或企业价值最大化①为财务目标，以成本效益分析为主要工具，没有将影响组织财务的各种社会因素纳入财务理论体系中，没有将非营利性组织财务纳入财务理论体系中，也没有将公平理论纳入财务理论体系中，系统研究财务公平问题。在该财务理论中，由于存在一系列严格假设条件，对企业利润最大化或股东价值最大化目标的追逐会自动形成均衡，在实现资源效率配置的同时公平会随之实现。这与现实不符。于是出现了一些嵌入不同元素的新兴财务理论。财务公平理论就是其中之一。

1.4.1.1 企业财务公平研究

目前，公平在企业财务中的重要性已获得一致认可，一般认为，财务学不能仅关注财务效率，还应重视公平问题。财务活动要讲求效率，财务关系要讲求公平（干胜道，2012；李心合，2012）。干胜道（2015）就嵌入公平的企业财务本质、财务目标与财务职能进行了详细论述，构建了较为完整的企业财务公平理论框架。

越来越多的学者将公平纳入财务目标，认为企业财务目标应为效率与公

---

① 目前财务理论中使用的"企业价值最大化"目标，表面是考虑多方利益相关者利益，实现涵盖所有利益相关者利益总价值最大。然而，在现实中，股东至上、单边治理模式和相应管理方式使得企业价值只能是反映股东价值。这从企业价值的计算方法也可以看出。

平（任蔼堂和雷光勇，2000），企业财务资金分配的理想标准是公平与效率的权衡，应寻求公平与效率之间"最优"交替的途径（周锋，1999）。罗福凯等（2002）在企业价值最大化基础上兼顾宏观公平和微观效率，提出了新的财务管理目标——企业价值创造最大化。干胜道和邓小军（2014）设计出凸显公平与效率导向的财务目标，将新经济时代财务目标定位为"协调企业价值创造最大化和企业价值分配公平化"的财务双目标，深入探讨了该目标的构建机理与绩效测度。干胜道和刘庆龄（2015）使用 2007~2013 年中国资本市场数据，分别针对国有控股上市公司与民营控股公司，对嵌入公平的企业财务目标进行了有益探讨，得出现实中我国国有控股上市公司在效率较好的同时更加注重公平，而民营控股公司则有失公平，更多关注效率。

就企业财务公平内容与实现途径，李心合（2012）认为，公平不只包含收益分配，还包括财权安排。干胜道（2015）详细分析了企业中股东之间、委托人与代理人之间、资方与劳方之间、债权人与所有者之间等利益相关者之间的关系，指出企业财务本质是创造价值和分配价值的有机结合，财务是一门研究企业价值创造效率与价值分配公平的规律的科学。戴新民和汪晓东（2007）认为企业财务公平的实现途径包括财权配置、收益分配、财务信息等方面。赵伟（2014）分析了财务信息披露公平问题，他以物质基础决定信息披露过程公平性为前提，以成本效益为财务信息披露过程公平性的首要因素，对财务信息披露主体、客体、渠道及内容公平性进行了探讨。王黎华和干胜道（2014）基于企业财务公平视角，分析了强化企业员工财务管理职能问题，指出强化财务管理职能是保证企业财务公平的措施和手段。

就企业财务公平判断标准，李心合（2012）认为，财务公平判断标准有两项，分别为将自己的财务收益与投入努力比值同自己过去、同他人进行比较。王文兵和干胜道（2013）基于财务公平视角，提出利润分配应从单边治理分配理念转至多边治理分享，通过增值额创造与分配表编制来研判企业在利润分配中的财务公平性。有学者（干胜道和刘庆龄，2015；王灿等，2012；王灿等，2013）使用拉克尔系数为判断指标对财务公平进行定量分析，结果显示，在财务公平实践中，总体而言国企优于民企；国有劳动密集型上市公司财务公平度较高，非国有劳动密集型上市公司普通员工薪酬收入比重呈下降趋势，存在劳资财务不公平现象；从四川省上市公司企业员工薪酬财务公正性来看，央企薪酬较高而民企员工薪酬则相对偏低。

现有学者对企业财务公平的研究不仅仅局限于上述直接使用"财务与公平"或"财务公平"的文献中，关于财务公平思想也反映在各种具体利益相关者的关系协调上，主要集中于企业利益相关者研究和员工与企业关系、管理者与企业关系、大股东与中小股东关系以及其他利益相关者与企业关系单独研究之中。胡明霞和干胜道（2014）将效率基础上的公平财务关系视为企业利益相关者价值最大化的目标，指出公平财务关系与财务和谐的实现需要处理好内部人与外部人之间、经理层与股东之间、股东与债权人之间、股东与债务人之间、不同要素资本所有者之间、员工与企业之间、社会公众及政府与企业之间的财务关系。罗华伟等（2015）运用多元回归模型研究了房地产行业上市公司高管薪酬外部公平性及其与企业绩效的关联性，该关联性在金融危机前后呈现差异，而在企业是否为国有性质上则没有明显不同。

1.4.1.2 非营利组织财务公平研究

非营利组织财务公平是妥善处理财务关系的要求，是和谐财务关系的体现，包括组织与所有利益相关者之间的财务关系，体现在组织财务治理过程及财务活动与财务管理环节中。虽然搜索关键词"非营利组织"（NPO、NGO、nonprofit organization、non-profit organization、nongovernment organization、nonprofit enterprise、third sector、nonprofit firm、nonprofit institution、funds、charitable organization、philanthropic organization）和"财务公平"（financial equity、finance inequality、finance fairness、ethical finance、equitable finance）仅能找到极少数文献，但学者们对非营利组织利益相关者关系的研究则着实为非营利组织财务公平理论奠定了坚实基础。其中，在非营利组织利益相关者的很多研究中对资金运动各相关方关系进行处理时，也隐晦使用了财务公平的一些理念与方法，只是研究者们没有明确使用"财务公平"专业术语。因此，非营利组织财务公平研究与组织利益相关者研究紧密相连。

非营利组织财务公平相关理念隐含于利益相关者理论的部分研究中。虽然非营利组织不以营利为目标，但财务活动也贯穿于组织物资管理、人力资源管理等各种管理活动中，组织绝大多数活动的进行都离不开资金运动，故其利益相关者行为均无法绕开资金运动，各种关系的处理均无法脱离财务关系范畴。因此，非营利组织财务公平的研究需对组织利益相关者相关成果进行梳理。目前对非营利组织利益相关者的研究多用于组织有效性与发展前景、组织治理、组织绩效及其评估、财务信息供需与披露、组织营销、与营利组织之间的关系、与政府的关系、问责机制等方面，在这些研究中，部分为对组织多种财务关系进行较为综合的论述。如里卡和纳塔利（Rikki and Natalie，1999）使用委托代理理论，提出了一个更为完整的非营利组织利益相关者理论，讨论了非营利组织与捐赠者、专业人员协会、机构投资者、竞争对手、社区、供应商、顾客、政府承包人之间的关系，给出了较之前人更广泛的非营利组织利益相关者观点。迈克尔（Michael，2003）回顾了经济文献中非营利组织利益相关者理论，通过分析组织中各利益相关者之间的矛盾，得出其对组织的影响，有两种观点：一种持积极态度，认为非营利组织在提供特定产品与服务时比其他组织更有效；另一种持消极态度，认为非营利组织要解决利益相关者之间冲突带来的弊端，就需要采取一些措施如政府干预等。哈斯佩尔等（Haspel et al.，2008）以美国艺术类组织为例，将市场导向嵌入非营利组织利益相关者理论，认为组织的可持续发展取决于其依据利益相关者利益调整自己的战略行为，也有学者建立了资源基础条件下的利益相关者治理体系（Young，2011）。胡建锋（2012）探讨了利益相关者理论在非营利组织治理中的适用性，建构了包含治理主体、治理过程和治理评估机制等在内的非营利组织治理机制。蔡宁和江伶俐（2014）从确定型、预期型与潜在型利益相关者视角，以宋庆龄基金和农夫山泉股份"饮水思源"助学活动为例，研究了非营利组织信息需求与披露质量相关问题。张培莉和张爱民（2008）构建了利益相关者视域中非营利组织在基于价值的管理（VBM）框架下的绩效评估方法。

还有一些非营利组织财务公平思想渗透于组织与单个或某两个利益相关者的个别关系研究中，如非营利组织与顾客、其他非营利组织、政府、员工关系问题研究等。在我国，顺应组织实践发展需要，近年来非营利组织和政府关系的相关研究较多。关于组织与顾客关系研究，如有学者调查研究了非营利组织利益相关者视角下，中国新医改中浙江农民对新型农村合作医疗的满意度，采用结构方程对其进行检验，得出新农合作医疗中存在的现实问题并提出相应建议措施（Weizhen Yu & Guowei Wan，2013）。熊婷等（2013）基于非营利组织与政府及企业合作视角，研究了非营利组织应如何进行财务开发。关于非营利组织与政府关系，有学者将其分为表现为政府主导模式或非营利组织支配模式的竞争性互动关系和表现为双重模式和第三类合作模式的合作性互动关系，也有学者将其分为分离依附型、分离自主型、整合依附型和整合自主型，还有学者将其分为补充型、互补型和抗衡型（卢磊和梁才林，2014），不同关系类型反映了不同的财务关系。马雷克和安妮特（Malek and Annett，2004）分别从法律、宣传、公共政策视角对两者关系进行了论述。目前我国学者多认为非营利组织与政府应是一种相互合作关系，应当充分发挥政府对非营利组织活力的激发作用（郑琦，2014）。关于非营利组织与企业或营利部门关系，汤古（Yuko，2014）采用实证方法论证了日本人类服务组织中营利组织与非营利组织的关系。葛笑春（2010）刻画了非营利组织与企业跨部门联盟的协同网络特征。也有学者从企业管理角度对其进行论述，如川端（Yasunair，2015）论述了新公共政策下，受2011年日本大地震影响的日本企业如何与非营利组织进行协作，应采用的新举措。关于非营利组织与员工的关系，多存在于非营利组织激励相关文献中，其中，物质激励或者财务激励是非营利组织激励的一种重要措施（于国旺，2012；何平鸽和高红，2014等）。也有学者认为非物质激励、领导风格、组织文化激励作用大于物质激励作用（Michael，2014）。

综上，学者们对企业财务公平的研究已经取得了一定成果，对非营利组织财务公平的研究还处于含理念与思想于相关研究的起步阶段，尚未搭建出明确的非营利组织财务公平理论架构。需要在前人已有研究成果基础上，进一步深入探讨企业财务公平理论及其在非营利组织中的应用，形成完整的财务公平理论，以推动财务理论发展，为财务公平最终实现提供理论支撑和技术支持。

1.4.2　研究趋势展望

关于财务公平理论，未来研究将趋向于纵深发展，财务公平理论会越来越丰富。在研究领域上，财务公平理论将会从企业被更好地引入政府部门与第三部门，得到更广泛运用；在研究维度上，财务公平理论会在基本理论越发完善的基础上深入到不同组织各行各业的具体实践中，分地域、分行业、分性质、分规模等的财务公平研究将更好地充实理论发展；在研究内容上，各组织不同利益相关者之间财务关系将会得到更详细分析，财务公平主观层面也会日渐融入探究体系；在研究方法上，更多数据支持的实证研究将不断补充财务公平理论，问卷调查、案例分析与实验研究等多种研究方法也将在该领域广为推广。

具体到非营利组织财务公平，未来的理论研究也将不断完善与拓展。财务公平视角下利益相关者研究将更为广泛，也将更加细化，不同行业、不同地域、不同类型组织的财务公平以及不同利益相关者的分类研究将更好地丰富非营利组织财务公平理论；由于非营利组织不以营利为目的，故其财务效率问题在组织中经常被忽视，此种情境下，组织财务公平与效率关系的处理也将受到研究者们更多的关注；非营利组织财务公平受到一国体制、社会、文化、法制、经济、政治等诸多环境因素影响，未来的研究中也将会出现更多中国特色相关问题的分析。

1.5　逻 辑 框 架

本书首先分析目前社会存在的财务不公平现象，探讨非营利组织发展中现存的问题，综述已有研究成果，分析非营利组织财务公平研究背景和意义；其次对财务公平的理论基础进行论述；然后阐述企业财务公平理论应用于非营利组织中的必要性及可行性，建构非营利组织财务公平理论框架；随之分别就主客观维度对非营利组织财务公平详细解析，客观层面主要考量公平视域下组织财务治理和财务管理，主观层面主要考量利益相关者财务公平感知度影响因素、财务公平感知对利益相关者行为的作用以及非公平财务关系协调处理；最后，探讨非营利组织财务公平的制度和文化制约性，得出结论，探索未来研究方向。本书的结构如下：

第1章：导论。首先分析了目前世界范围内尤其是我国社会中存在的诸多不公平现象，指出实践对实现公平及财务公平的迫切要求；继而分析了非营利组织发展中现存的一些实际问题，阐述非营利组织财务公平的经济社会及人文意义。

第2章：理论基础。对书中所用重要理论基础——可持续发展理论、利益相关者理论和组织公平理论进行论述，分析它们在非营利组织财务公平中的运用。

第3章：企业财务公平理论在非营利组织中应用的必要性与可行性。在分析企业财务公平理论的基础上论证其在非营利组织中应用不仅必要，而且可行。

第4章：非营利组织财务公平理论构建。结合非营利组织财务特征，构建非营利组织财务公平理论体系。它涵盖了结果公平、过程公平和信息公平等内容，包括客观与主观两个层面。

第5章：非营利组织财务公平目标：财务和谐。围绕非营利组织财务公平目标，分别就非营利组织财务和谐内涵、财务和谐目标、和谐财务关系、和谐财务活动和文化构建出完整的非营利组织财务和谐体系。

第6章：非营利组织财务公平治理与财务风险管理。基于财务公平，提出非营利组织财务协同治理模式，以更好"维护"利益相关者利益；基于财务公平安全预期考量，采用功效系数法对非营利组织财务风险进行系统评价，并通过主成分分析探寻财务风险成因，提出切实可行的财务风险防范措施。

第7章：非营利组织出资者和成员的财务公平感知及其与组织关系协调。选择非营利组织核心利益相关者出资人与组织成员，通过问卷调查，采用合适量表，构建结构方程，探究个人出资者财务公平感知对捐赠意愿的影响和员工财务公平感知对自身行为的影响，指出财务公平感知下应如何更好处理财务关系。在出资人中，对企业出资主体分别就捐资经济效应感知与融资效应感知做了探讨。

第8章：非营利组织财务公平辅促因素分析。非营利组织财务公平的实现受诸多因素影响，它们从不同领域与组织及其利益相关者发生着联系，直接或间接作用于组织行为。其中，制度与文化作为关键因素，软硬夹击，共同引导着组织及其利益相关者财务行为。应寻求制度文化中对非营利组织财务公平有利的辅促因子，以促其实现。

第9章：研究结论、局限性和未来研究方向展望。总结研究结论和局限性，并对该领域未来可能研究方向进行展望。

具体研究框架如图1.1所示。

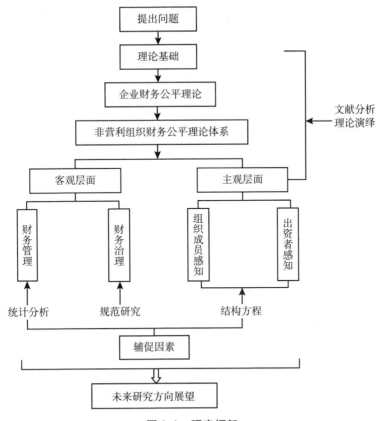

图1.1 研究框架

1.6 研 究 方 法

1.6.1 文献分析与理论演绎

对企业财务公平与非营利组织相关研究进行梳理，并以此为基础构建非营利组织财务公平理论；探讨财务公平视角下有效财务治理模式时，深入剖析组织的委托代理关系，得出协同财务治理模式；探讨非营利组织利益相关者财务公平感知度时，借鉴心理学、社会学、人力资源管理等其他领域公平度感知因素的研究；探讨财务公平辅促因素时，分析了制度与文化的有关内容与作用。

1.6.2 功效系数与主成分分析

研究非营利组织财务公平客观层面，对组织健康程度和风险水平现状进行衡量时采用了功效系数法；在分析财务风险成因时，使用主成分分析提炼关键影响因素，为有效措施的提出奠定了基础。

1.6.3 问卷调查与结构方程

研究非营利组织财务公平主观层面，对于个人出资者与组织成员的财务公平感知，采用问卷调查方法，了解组织利益相关者财务公平感知，以及财务公平感知对公募基金会个人出资者捐赠意愿和非营利组织成员组织公民行为、组织承诺、工作满意度等的影响，建立结构方程，分析财务公平下组织在处理财务关系时应关注的主要问题。

1.7　创 新 之 处

研究体现了多学科交叉性特点，综合运用了产权经济学、制度经济学、信息经济学、管理学、社会学、心理学等学科理论与方法，比较系统地研究了企业财务公平理论在非营利组织中的应用问题。

第一，结合非营利组织财务特征与企业财务公平理论，立足非营利组织建设，落实于人，配之以辅促因素，构建了较为完整的非营利组织财务公平理论体系。该理论体系既有组织财务治理与财务管理客观层面的保障，又在主观层面反映了利益相关者实际感受，内容全面，符合现实，结论可行，是非营利组织解决现存各种不公平财务问题的有益探索和有效途径。

第二，作为客观财务公平的重要内容之一，财务治理需能体现各利益相关者利益均衡关系，尽可能维持"正向"利益相关者权益，研究中构建了非营利组织协同财务治理模式，通过内部财务治理和外部财务治理，共同完成组织公共受托责任。

第三，基于财务公平安全预期考量，利用我国非营利组织财务数据，采用功效系数法对组织财务风险进行衡量，更加客观准确地反映了我国非营利组织财务安全度。使用主成分分析对财务风险成因进行探析，找出关键影响因子，以"对症下药"。

第四，通过理论分析与调研，开发非营利组织财务公平度量量表，并据此设计调查问卷，用结构方程分析公募基金会个人出资者财务公平感知对捐赠意愿的影响及非营利组织员工财务公平感知对其行为的影响。鉴于非营利组织批量员工数据搜集的困难，委托问卷星专业平台按照预先设定条件发放问卷，保证了数据的可靠性和有用性。

第 2 章

理 论 基 础

2.1 可 持 续 发 展 理 论

可持续发展理论最初关注人类社会在经济增长中如何适应并满足生态环境承载力，以及资源、环境、人口、生态与经济的协调发展。之后学者们对其不断丰富，又提出许多新方法和新理论。科学发展观使可持续发展理论观念得到更高的阐述。"自然—经济—社会"可持续发展是科学发展观的战略目标。

可持续发展理论要求社会各类组织之间及每一种组织形式内均能够很好地处理各种关系，实现持续发展。各组织可持续发展不单是社会可持续发展的要求，也是组织自身健康发展的需要。企业财务会计核算中对时间要求的假设条件是"持续经营"，它规定了企业经营核算的时间范围，预计企业在可预见范围之内会永远经营下去，不会发生清算、破产、解散等事项。企业的支出、债务、收支等均在该既定条件下核算。既然要持续经营，就必须维持可持续发展态势，实现可持续发展目标。依据《民间非营利组织会计制度》，组织会计核算应以持续经营作为前提。

一般而言，非营利组织在运营过程中，也是以可持续发展作为预期目标及相关事项评价基础的。只有很少数组织会在章程中规定其计划经营期限或者实现带有期限性的目标，即使是这类组织，在规定期限届满之前也假设组织不会申请清算。虽然现实中，依据存续时间长短，基金会有永久型（perpetual）、托管人自主决定型（optional）和终止型（liquidating）之分（Kiger，2000），但在组织成立之初，绝大多数创立者们还是会赋予其长远发展的美好愿望，在组织经营过程中，都会按照可持续发展假设进行规划与决策，由于资金或者管理等问题不得已而终止的基金会并非是心甘情愿结束组织寿命的，它们在存续运作期间，也是依可持续发展假定来行事的。也有些出资人出于自身愿望，在生命结束前夕会选择将大笔资金用于成立基金会以进行慈善，但由于尚未设想好具体行善领域以及资本金与利息的具体处理方案而未在遗嘱中予以明确规定。在这种情况下，其后继者接手基金会之后，有些会对托管资金依据环境变化做出自主安排。极少数继任者出于道德或能力问题导致基金会终止，绝大多数继任者还是会继续前人事业，将前人的慈善精神发扬光大。无论如何，在基金会存续期间，除非万不得已破产清算之际，基本都是以组织长久健康发展为前提来进行战略管理的。

可持续发展不仅为非营利组织提出了发展的基本要求和恒久目标，也为组织财务治理与财务管理行为提供了前提和依据。也许有些组织在成长中会根据周围环境变化与自身能力提升更换其使命，但可持续发展的憧憬和服务于公益的宗旨并不会随之变化。

财务公平的实现要求非营利组织实现可持续发展，可持续发展又为财务公平的实现提出了新要求。非营利组织财务公平与可持续发展互促共进。可持续发展语境下，非营利组织财务公平机制构建必须达到制衡、安全、稳定、活力和创新。只有内部财务治理各方相互牵制，做到有效约束，外部财务治理监管有力，内外协同，方可实现非营利组织可持续发展。可持续要求组织财务公平实现过程中要立足现实，高瞻远瞩，切实降低财务风险，提高自身能力，深入剖析实际中现存问题，探寻不公平因子，真正达到公平与效率统一。

2.2 利益相关者理论

20 世纪 60 年代，基于对企业股东财富最大化目标反思，美国斯坦福大学提出利益相关者理论（stakeholder theory）。后经学者们不断丰富与发展，该理论在管理学与经济学中得到了广泛应用。一般而言，利益相关者理论研究有三大流派：工具性利益相关者理论、描述性利益相关者理论和规范性利益相关者理论。无论何种流派，都主张应关注企业利益相关者，利益相关者对组织行为的影响很重要。"利益相关者是那些与企业有合约关系的要求权人"（科奈尔和夏皮曼，1987），他们与企业之间存在着显性或者隐性契约，对企业目标实现产生一定影响或者为企业目标实现过程所影响，对企业发展至关重要。利益相关者理论的出现对企业性质、企业目标、企业责任、管理理念以及绩效评价方式都产生了重要影响。

财务的根本问题是合理安排财权，以达到资源最优配置，实现各项要素高效使用或分配。财务公平要求组织利益结构与利益关系达到相对平衡，以多边治理为基础来安排财权和配置资源。

任何形式的组织都是一系列利益相关者的契约集合体，非营利部门也不例外。不仅企业有利益相关者，非营利组织同样也有其利益相关者。非营利组织财务公平也要求考量内外部利益相关者利益，分析不同相关者的需求，挖掘其行为动力，剖析其公平感知因素，以实现一定的财务均衡。非营利组织财务公平下协同财务治理机制的设计与公平财务管理模式的构建均需充分顾及利益相关者利益，使其在相互制衡与作用下实现公益财务目标最大化。在财务公平的主观感知中，也需要全面考虑各利益相关者的财务公平感受。

利益相关者既有契约明确规定履行权利义务的人员，如出资者、董事会成员、管理人员、普通员工、有关政府部门等，又有并未通过显性契约明确规定权利义务的相关方，如媒体、社会大众、第三方评估机构等（章铁生等，2005）。非营利组织利益相关者可以分为管理者、组织成员等内部利益相关者，出资人、受益人、竞争者、合作伙伴、上游供应商等外部利益相关者和董事会成员等连接型利益相关者（Van et al.，2011）。也有学者将利益相关者分为确定型、预期型和潜在型三类（Mitchell et al.，1997）。具体而言，非营利组织利益相关者主要有出资人、管理者、组织员工及志愿者、受益方、董事会或理事会、提供公共服务与相关政策的政府、社区、供应商、合作伙伴、竞争者、公众、媒体等。

　　非营利组织资金来源有获取捐赠资金、政府补助、自营收入、债权人借入、投资收益等。出资人是组织重要的利益关系人。在公益型非营利组织中，捐赠资金占总资金来源的大多数。在互益型非营利组织中，一般主要由有特定需求的可能受益方提供资金。出资人虽在转移资金时便将财产权利一并转走，只在"合约"中表达自己意愿，但他们提供了组织赖以存在的经济资源，依然是核心利益相关者，其出资额大小直接决定了组织规模与能否具有保证项目正常运转。在我国，虽然资金来源问题已经得到一定程度缓解，很多非营利组织的困扰已转变为如何寻找好项目，但仍有许多组织面临资金匮乏问题。在出资者当中，政府扮演了重要角色。各国和地区政府出资力度大不相同。对于目前中国香港的非营利组织而言，政府系统已全面嵌入非营利组织，香港社会福利服务基本由政府通过向非营利组织提供资助的方式进行。而中国内地政府对非营利组织的资助则主要通过结合评估结果的招投标方式来拨款。

　　非营利组织内部设有董事会或理事会，并有高层管理人员和普通成员等利益相关者，其中组织成员又分为带薪员工与无薪志愿者。非营利组织中，与企业董事会相类似的机构，有学者将其称为董事会，也有很多学者更愿意使用理事会概念而不是董事会，以与企业进行区别。非营利组织中董事会治理是组织治理的关键环节，应设计良好机制以保障董事会科学决策与高效运行。德鲁克（Drucker，1990）认为，非营利组织董事会具有 4 个身份：监管者（governor）、资源开拓者（sponsor）、联结内外部角色的大使（ambassador）、处理组织特定专业需要的顾问（consultant）。丹尼斯和奥尔利克（2002）认为，关系职能即建立内外部联系是理事会最重要的职能。非营利组织中管理人员对组织资金具有处置使用权，是组织重要的利益相关方。而普通成员，无论是否领薪，都是项目具体执行者，是组织资金直接接触人员。对互益型非营利组织而言，受益者也是组织内部利益相关者，而于公益型组织，受益者属外部利益相关者。

非营利组织从业务运营视角看，还存在供应商、合作伙伴、竞争者等利益相关者。他们与企业的供应商、合作者、竞争者基本一致。非营利组织的合作伙伴与竞争者可能是其他非营利组织，也可能是企业或者是政府部门，竞争者以同业竞争为主。例如，2006 年各地的 KTV 收费事件，反映了地方行业协会与全国行业协会作为竞争者的分庭抗礼；河南关爱之家被停，说明政府除了是出资者、监管者外，有时候还是同业竞争者。

非营利组织正常运行一方面需要政府有关法规与政策支持，也需要当地政府提供良好外部环境。另一方面非营利组织的存在与运转也会对当地政府及社区产生各种影响，组织的良性发展对所在地经济通常也会产生积极带动作用。此外，社会媒体与公众虽未直接与非营利组织签订明确契约，但他们之间存在着不谋而合的隐藏约定，例如，要求并监督组织守信及希望组织能够可持续发展等。

在探讨利益相关者在非营利组织财务公平中的作用时，还应从动态视角进行分析。财务公平机制应具有根据利益相关者变化进行相应调整的灵活性。罗伯特·布福德，领袖关系网（Leadership Network）和彼得·德鲁克非营利组织管理基金会的创建者，具有丰富的非营利组织管理经验，他认为，组织必须和利益相关者保持联系，关注其变化，不要故步自封，一定要尽量满足变化的利益相关者的愿望。

2.3　组织公平理论

组织公平感是组织内有关人员对与个人利益有关的组织制度、政策和措施的公平感受，它有异于按社会阶层、行业及职业对人群进行划分所形成的社会公平感。组织公平理论发展经历了一个不断丰富与完善的过程，日渐成熟。

1965 年，亚当·斯密基于社会交换理论提出了组织公平理论。之后，组织公平问题逐渐成为欧美企业管理的研究热点，它作为组织与个人效率提升的重要影响因素受到越来越多学者关注，现已被广泛用于组织研究的解释变量。作为开创性研究，亚当·斯密所提出的组织公平感知强调依据收入绝对值和相对值判断结果公平或者分配公平（distributive justice）。他强调个人投入与所得结果之间的等价性，确定公平时采用贡献原则、均等原则和需要原则。公平原则的发展是为了决定任务、商品、服务、奖励、惩罚、报酬、升迁机会等获得物的分配（Folger and Cropanzano，1998）。

然而，亚当·斯密对于分配结果公平如何得以实现并未做更多探讨。鉴于此，蒂博和沃克（Thibaut and Walker，1975）提出了程序公平（procedural justice）概念，通过过程控制与决策控制来达成结果公平。他们的研究主要针对争议者对法律程序的反映。其后，利文撒尔（Leventhal，1980）将程序公平推广于其他非法律领域，并提出了 6 个公平原则：一致性原则（consistency rule）、避免偏见原则（bias suppression rule）、准确性原则（accuracy rule）、可修正原则（correct ability rule）、代表性原则（representative rule）和道德伦理原则（moral and ethical rule）。

在程序执行过程中，执行者态度与行为方式、人与人之间互动质量也会对相关人员的公平感知产生影响。1986 年，比耶斯和摩格提出互动公平（interactional justice）概念，探讨程序执行中上下级关系、特定分配方式的选择和信息传递等问题，并将公正、真实、尊重和恰当作为交互公平原则。为进一步深入研究该内容，格林伯格（Greenberg，1990，1993）将互动公平分为人际公平（interpersonal justice）和信息公平（informational justice）两部分。人际公平研究员工受到相关领导人员尊重和礼遇的程度，信息公平研究有关分配决策的信息传递问题。

组织公平有客观状态和主观状态两个层面。客观层面强调建立和发展各项组织制度，完善相应程序，采用有效措施以寻求公平，而主观层面则强调组织中成员对公平的主观感受程度。客观公平与主观公平存在联系与区别。客观而言，完全绝对的终极组织公平几乎无法实现，而且即使制度再公平，若是不被有关人员所认可与接纳，那么它对个体和组织的影响力也很难充分发挥。

　　非营利组织财务公平作为公平研究的分支，也有客观主观之分。客观层面通过组织财务治理机制的设计与财务管理行为的规范为实现组织财务公平打下坚实基础。协同财务治理模式与有效的财务风险防范体系是非营利组织财务公平落实的前提条件。由于非营利组织利益相关者众多，不同利益相关者都有自己不同的主观感知，他们利益各不相同，关注点差别较大，因此财务公平感知也不同。组织的核心利益相关者出资人与员工的财务公平感知对组织持续资金来源与高效管理水平至关重要。应分别对这两类相关人员的财务公平感进行评估，并考察其与捐赠意愿、组织效果变量等之间的关系。

　　在研究者们普遍使用的关于组织公平的成熟量表中，分配公平、程序公平和信息公平维度均是围绕分配与薪酬等内容展开的，和组织财务事项有着千丝万缕联系，体现了财务公平要求。而人际公平维度则是围绕组织领导对员工的态度、实际帮助和评价展开，不涉及具体财务事项。而且，非营利组织中各项事务也具有自身特点。因此，在对非营利组织利益相关者公平感知进行调查分析时，对现有量表进行了修正，以使其更加符合组织特征，更能够体现财务公平的要求。

第 3 章

企业财务公平理论在非营利组织中应用的必要性与可行性

为解决企业财务实践中出现的各种不公现象及其引发的各种相关问题，学者们将公平理论引入企业财务中，经过不断探索，逐渐形成了企业财务公平理论。该理论在实践与理论的呼唤下应运而生，有助于诸多不和谐财务问题的解决，它的诞生大大推动了财务理论发展。顺应非营利组织财务发展现实需求，将企业财务公平理论理念与精髓应用于非营利组织财务实践中不仅必要，而且可行。

3.1 企业财务公平理论

如同经济学包括数理经济学、行为经济学、伦理经济学、制度经济学、信息经济学、心理经济学、法律经济学等各种嵌入要素经济学一样，其分支财务学也包括嵌入各种社会因素的不同类型。李心合（2012）认为，公司财务是一种嵌入社会结构中并受其限定的网络化行为。许多社会因素均可嵌入财务学中，从不同视角形成各种财务学派。李心合（2010，2012）梳理了主流财务学范畴内财务的基本概念及其关系，继而又突破主流研究范式，指出阴态经济环境下应建立超越主流的财务概念框架，将制度因素嵌入财务概念框架，形成了制度财务学。产权财务学者从产权视角构建了以财权为核心的现代财务基础理论体系（曹越和伍中信，2011）。还有一些学者分别将环境、人本、心理、伦理等因素嵌入传统财务理论，形成了行为财务学、财务伦理学、人本财务学等各种财务学派，在学术界出现了多种财务理论并存的"财务理论丛林"。

作为一个伦理概念，将"公平"内嵌于基本财务理论概念框架，使公平流淌于财务活动与财务关系中，是新经济社会环境下财务理论与时俱进的新要求。主流公司财务学强调单边治理，只关注财务效率。而外部条件变化使公司更加关注利益相关者和社会责任，多边治理模式越来越受欢迎，相应地，伦理道德和公平问题也逐渐被纳入了公司目标函数。公平在企业财务理论的嵌入主要体现为财务环境与财务目标等财务要素的革命性变化，以及财务职能等实现方式的转变，通过新环境与目标下企业财务治理与财务管理行为来落实。公平视野下，企业财务环境、财务目标、财务职能、财务管理和财务治理均被赋予了新含义。

3.1.1 财务环境

公司治理结构发生的变化必将对其财务行为产生重大影响。作为公司治理结构本质内容的所有权安排，先后经历了一个由物质资本独享所有权，到物质资本和人力资本分享所有权，再到利益相关者共享所有权的发展过程。随着这一变化，公司治理也经历了物质资本主导的单边治理、物质资本和人力资本主导的双边治理、利益相关者利益平衡的多边治理的发展过程。单边治理模式下，强调股东利益，重视增值效率，物质资本是公司价值最大化的主要实现者。而今，资本、劳动、管理、技术、知识共同创造价值，那么股东、债权人、普通员工、企业管理人员、消费者以及其他利益相关者利益就都应予以重视。此种治理模式的转换趋势将彻底改变公司财务目标、财务治理模式与财务管理方式。与此相应的财务治理模式应能够更好反映各方利益相关者之间利益协调问题，关注各利益主体间公平，从而实现财务协同。

财务环境中另外一个革命性变化是对于新古典经济学零嵌入性立场和主

流经济学中理性经济人假设的质疑。新古典经济学存在"社会性不足"问题，在分析经济问题时往往忽视了社会关系对行为的影响。事实上，即使是经济行为，也是由社会中的人来实施的，个人所形成的社会网络关系对经济行为的作用不可忽视。社会结构应嵌入企业财务中，构成理财行为内生因素，但也要防止出现强嵌入的社会化过度现象。另外，个人不仅仅具有经济性，他们还是社会人，具有一定的道德性与自利性。经济学中利他性假设和极大化假设是财务学理性假设的源泉，该假设条件下财务理念与行为模式已阻碍了企业发展与社会进步，应突破单纯追求经济增长的观念，不仅注重增长与效率，还应重视分配与公平。

3.1.2　财务目标

将公平和正义纳入财务框架，作为财务行为的一个重要目标，很难融入个体财富最大化的理论框架之内。而在多边治理环境下，企业财务目标由单边治理下股东财富最大化转变为利益相关者整体价值最大化，不仅要实现财富创造效率，还应考量财务分配公平（胡建平和干胜道，2013）。其实，财务公平不只是分配公平，更是组织这一契约约束各方责权利的相对平衡。李心合教授将多边治理下财务目标称为"平衡的公司财务目标"，强调经济契约主体间、经济契约间、社会契约主体间、经济契约与社会契约间冲突的协调，实现利益相关者经济需求与非经济需求期望的平衡。这与财务公平目标一致。

公平视域下财务目标应为组织利益相关者个体权益相对平衡之上的企业价值最大化，达到"和谐财务"境界。此处相对平衡包括财务权力与利益两方面，体现了对公平的要求。公平有绝对公平与相对公平之分，财务公平是一种相对公平。公平与效率并无绝对矛盾，实现公平有利于效率提升。企业股东、债权人、管理人员、一般职工、消费者、供货商、下游关联企业、政府等利益相关者之间相对公平的实现有利于协同效应产生，从而更好提升其效率。

3.1.3　财务职能

财务职能是客观的、内在的，是财务本质所决定的具体功能。学者们对财务职能的论述有工具论、方法论、环节论等，这些多为财务管理职能，而非财务职能。对应于财务本质，财务职能应为组织资源如何培育、配置和使用以及与此相应的财权配置，它不仅仅涵盖财务管理相关活动，也辐射了财务治理相关关系处理。

嵌入公平理论之后，为了实现新的财务目标，企业财务职能应更多考虑"人"的因素，注重各方权益平衡，如委托人与代理人之间、股东之间、劳资双方间、政府与企业之间、股东与债权人之间权益等（干胜道，2015）。

3.1.4　财务治理

财权配置与财务公平理论渊源深厚。通用财权配置基于企业公平，剩余财权配置基于企业效率（何进日等，2007）。伍中信等（2007）将公平原则内嵌于财权中视为是对财务治理结构和权利分布状态等静态范畴的超越，是能够释放财务治理的效率并提高企业效率的系列动态制度的安排。财务公平要求配置财权时，组织结构安排能够相互制衡，各权力机构相互牵制，监控有效；制定规章时，能够充分考虑各方相关者经济利益与非经济诉求，切实体现公平原则；动态调整时，能够兼顾多方权益，实现财务公平。

公平视域下财务治理要求妥善处理各种财务关系，努力化解各种不和谐因素。企业中存在着利益相关者之间及内部经济主体之间权益利害上对公平的亵渎现象，如劳动收入与资本收入分配不公、大股东侵害中小股东利益、恶意圈钱、骗取信贷资金、骗取出口退税或政府补贴等。因此，财务公平必须落实于各项具体财务关系的协调中，体现在内部财务治理与外部财务治理、静态财务治理与动态财务治理的方方面面。

3.1.5　财务管理

财务目标最终需要通过财务管理活动得以实现。财务公平目标的达成应通过具体财务管理过程完成。财务活动主要通过财务管理处理，财务关系主要通过财务治理协调（伍中信，2005）。财务治理中财务关系协调须经由财务活动安排来完成。比之其他类型组织，企业财务活动内容较多，涵盖从资金筹集、日常管理、投放到分配的整个资金运动过程以及特殊情形下财务活动管理，如破产清算、企业合并等事项的财务处理。财务活动是财务关系的反映，公平和谐的财务关系必定体现于财务活动的点点滴滴。例如，考量劳资是否公平，需要依据劳动所得与资本所得之间的比例关系衡量，在分配活动中恰当确定两者比率；考量企业与政府所得是否公平，需要依据企业利润与政府所得之间的比例关系衡量，在收益分配中合理确定各种税率；考量高管、一般管理者及普通员工之间所得是否公平，需要分别考核他们的财务贡献，分析他们各自为企业带来的收益率，比较同业其他企业工资水平，以确定分配占比；考量股东与债权人关系以及对企业绩效影响，需要完善资本结构，权衡可承担风险程度，做好筹资工作。

每一项财务活动的科学管理过程都离不开计划、预测、决策、执行、监控、分析反馈流程。财务公平下这些管理环节均需围绕财务公平目标，融入公平因子，切实考虑各利益相关者利益，尽量使其相对"满意"。

3.2　企业财务公平理论在非营利组织中应用的必要性

非营利组织发展中存在着许多非公平财务问题。有些利益相关者出于私利，会做出有损于其他利益相关者的行为，破坏组织整体谐和。企业财务公平理论在非营利组织中的应用有助于非营利组织解决现实中诸多不公平财务问题，提高组织财务治理水平，规范组织财务管理，促进组织稳步迈向未来。非营利组织有很多财务不公行为需要通过财务公平予以调整和规范。

3.2.1 规范领导人关联交易行为

关联交易本为营利组织与关联方之间所进行的各项交易，它容易被一些动机不良的企业所利用，受到操纵，进而引发出不公平结果。在非营利组织中，虽不存在盈余管理下使用关联交易人为调节利润现象，不存在利润操控嫌疑，但也存在管理者采用关联交易手段损人利己，捞取个人私利行为。非营利组织由于其特殊性质，往往享有较高社会声誉，更易被人们理解与信任。许多企业恰好利用了非营利组织的这项无形资产，与组织管理者进行关联性交易，为有关人员提供个人经济利益以便谋取企业自身好处，从而节省大量营销费用。例如，通过私下交易，影响力巨大且具有广泛受众能力的非营利组织在执行项目时滥用带有企业标志的服装和有关产品等。还有些非营利组织领导人为谋取自身职位，与赞助方达成协议，出资人帮助组织领导人竞选与维持其在组织中的地位，组织领导人帮助出资人在组织竞标项目竞争中获胜，现实中不乏有如此之事。2015 年 12 月 21 日，当时国际足联主席赛普·布拉特（Sepp Blatter）和欧足联主席米歇尔·普拉蒂尼（Michel Platini）被禁足 8 年，并被分别处以 5 万瑞士法郎和 8 万瑞士法郎罚金，皆是因其通过关联交易从事贪腐及滥用职权行为所致。

这些关联交易严重破坏了非营利组织名声，损害了非关联交易方其他出资者与潜在出资者利益，伤害了组织其他成员及非涉事利益相关者利益，引发了诸多不满与质疑。为预防此种内幕交易给组织带来的伤害，维护多方利益相关者利益，需在组织内引入财务公平理念，加强组织财务公平治理与管理，规范财务行为，以使各方尽可能相对满意。

3.2.2 规范管理者在职消费行为

非营利组织行政经费开支虽在有关规范中有支出比例约束，但仍存在管理人员过度在职消费，主要原因有二：一是较之营利性组织而言，非营利组织工作人员薪资整体水平普遍相对较低，为管理人员过度在职消费埋下了伏笔。组织管理者在委托代理关系中，处于信息不对称的信息优势方，掌握有其他利益相关者不了解的内部信息。此时，在利益驱动下，有些人员贪图私利，利用公款获取一些非常的物质享受就不足为怪了。二是非营利组织财务监督体系不完善。其他人员对管理人员"超标"消费行为识别与监督的成本较高，监督"收益"相对不足，尚未形成完整的监管系统。往往是由于偶然因素遭遇媒体曝光之后，当事人才会进行各种解释或者道歉。曾轰动一时的上海市卢湾区红十字会万元餐事件即是如此。

非营利组织中不恰当在职消费对社会的不良影响比之企业与行政机关更加恶劣，它破坏了公众对慈善的信任与尊重，是对大众爱心的亵渎，极大损害了出资人与其他利益相关者利益，对组织后续资金筹集造成了难以估量的负面影响。财务公平理论的引入，使非营利组织能够更好权衡所有利益相关者利益，较好防范个别利益相关者损坏其他利益相关者的行为。它通过财务治理中的相互制衡与财务管理中的有效监管，能够很好地维护各方利益，实现相对平衡。

3.2.3　规范受益者恣意妄为行为

非营利组织对于弱势群体的救助方式由于效果不佳正受到越来越多质疑，许多贫困地区多年接受救助却一直饱受贫穷之苦，人们的接济扶助似乎并未达到预期效果，有些甚至产生了反向作用。有的受助方对援助物资产生了过度依赖，有的受助方则对无偿获赠财物习以为常，这些均未达到捐赠人目的。现实中甚至有受益方在领取受赠物后以远低于市场的价格将其转手以换取满足自己其他嗜好的资本，如拿 100 块钱的化肥售得 50 元买酒，完全无视出资人感受，随意处置捐赠者所捐资金。还有些受赠方虽没有降价处理到手物资，却将这些资源挪作他用，没有按照之前约定用途使其发挥作用。他们或明目张胆，或刻意隐瞒地从事这些活动，并不把其他利益相关者利益和动机考虑在内。

这种忽略献爱心者慈善之心的做法，会使爱心人士颇觉不公平，从而影响到他们以后的善举。获知实情后，捐赠者捐赠积极性将倍受打击。因此，须在非营利组织财务事项各个环节都注重公平，不仅关注组织资金获取中的利益平衡，也应关注其他资金运转环节包括后项目阶段各方利益均衡，切实将财务公平落实到组织财务活动方方面面。

非营利组织财务不公平除了上述一些主要表现外，还有其他很多形式。例如，2007年前后引起社会和政府广泛关注的方便面行业集体涨价事件中，世界方便面协会中国分会被指责串联企业哄抬物价，行业协会组织本行业经营者从事串通涨价，此属典型的非营利组织及其服务对象一致行动损坏他人利益的不公平现象。非营利组织这些不公平现象的防范均需财务公平加以制衡。

3.3 企业财务公平理论在非营利组织中应用的可行性

非营利组织财务虽有异于企业，然而两者也有诸多相同相通之处。这使得企业财务公平理论在非营利组织中的应用可行。

3.3.1 非营利组织与企业财务活动具有一定相似性

与企业相同，财务活动贯穿于非营利组织整个活动之中，对组织整体运行至关重要。这两类组织都具有筹资、对外投资、用资等资金运动环节，推动这些资金运动的都是其后的财务关系。而且，这两类组织各项财务活动的管理环节都包括预算、计划、组织、执行、评价分析等。相似的财务活动与财务管理环节使得两种组织在财务管理方式方法、财务信息传导等方面具有一致性。嵌入公平因素的财务管理与财务信息传递不仅适用于企业，也适用于非营利组织。

3.3.2　非营利组织存在营利行为

与企业相同，非营利组织中存在着营利行为。虽然非营利组织不以营利为目的，不进行盈利分配，但并非不能营利。虽然世界上有少数国家与地区限制非营利组织营利行为，如菲律宾的绝对禁止主义、中国台湾地区和新加坡的原则禁止主义，但大多数国家的立法都允许组织从事营利活动。在我国，很多非营利组织需要持续营利来维持组织运行，例如一些民办非企业单位、基金会等。许多组织还需面对同业营利企业竞争与威胁。为了取得竞争优势，获取一定收益，非营利组织就必须借鉴企业等营利部门的先进管理经验与方法，包括财务治理、财务管理、营销管理、人力资源管理等方面。财务公平理论作为一种新的企业财务理念，能够在公平中更好实现效率，让效率更好推进公平，适用于存在营利行为的各类组织中，也可为非营利组织所用。

3.3.3　非营利组织与企业均需顾及利益相关者权益

非营利组织与企业均存在利益相关者，这些利益主体虽关注利益重点不完全相同，但却均是有的放矢。他们虽所处组织类型不同，但都是为了争取一定权益或实现一定目标而行为。两种组织中，为妥善处理组织与各利益相关者或者各利益相关者之间及内部财务关系，协调各方利益，在财权配置中，应妥善安排组织结构，使其相互牵制，平衡各方利益，实行不相容岗位分离，实施有效监控，并且制定能综合考虑各利益相关者经济权益和非经济权益诉求的规章制度。这些财务治理原则，都体现了财务公平要求。因而，企业财务公平理论于非营利组织同样适用。

3.4 企业财务公平理论在非营利组织中应用需要注意的若干问题

3.4.1 切忌盲目照搬

非营利组织财务与企业财务既有相通之处，也存在诸多区别。企业财务公平理论在非营利组织中的应用并非拿来主义直接照搬，使用时须结合非营利组织特征与非营利组织财务特点，取企业财务公平理论之要义及精髓为非营利组织所用。唯此，非营利组织财务公平理论方能真正应用于组织财务行为。例如，对于企业利润分配环节的财务公平问题，在非营利组织中就不完全适用，但利润分配中一些公平原则与理念，在非营利组织利益相关者依法获取合理回报时即可予以借鉴使用。

3.4.2 综合提炼共性

非营利组织类型众多，它们都有许多共同财务特性，然而每种非营利组织又皆有自身财务特色。非营利组织财务公平理论是一个符合其共性的理论框架，具体到每类组织中实施时，还需结合各自特点进一步细化，对于某些具有典型特征的组织，需进行特定分析。例如，在家族基金会中，出资人作为核心利益相关者，往往对组织具有生死大权，他们通常具有决定性财务权力，以绝对优势在组织财权配置中占据主导地位。此类非营利组织的财务公平自然呈现出独有特征，需要更多源自外部的力量予以制衡。

3.4.3 注重心理感知

虽各种组织利益相关者皆关注经济利益与非经济利益，但企业利益相关者较之非营利组织则持有更多经济目标，更加关注"经济利益"公平，而这一经济目标也有"收益如何分配"的天然衡量标准，拉克尔系数就是其中一个客观指标。相比较而言，非营利组织利益相关者更为关注个人主观感受，注重"精神感知"公平。因而，在对其进行评价时，应将主观公平感知评价作为一个重要方面。

第 4 章

非营利组织财务公平理论构建

在现代文明逻辑下，随着资本与市场的力量对传统组织的破坏，市民社会得以发展。在市民社会发展的前提下，作为社会组织化的一个结果，非营利组织也在不断发展。中国在开启社会主义市场经济后，社会建构体系发生了各种变化，多种非营利组织曾一度呈现出爆炸式的发展态势，为解决各种社会问题提供了有益的帮助。我国非营利组织在成长中，不断学习企业与政府部门管理经验，借鉴其他国家和地区非营利组织先进做法，在财务管理与财务治理方面取得了长足进步，逐步走向成熟。

4.1 非营利组织含义

目前，国际上关于非营利组织的定义可谓仁者见仁，智者见智，甚至在不同国家还有不同的称谓或相关的术语，如"非营利组织""独立部门""慈善组织""志愿者组织""公民社会组织""民间组织""免税组织"等。对于组织特征，有代表性的界定主要有美国会计学会在"非营利组织会计实务委员会报告"中规定了组织成立的四个条件：无营利的动机、无个人或个别拥有组织的权益股份或所有权、组织的权益或所有权不得任意出售或交换、通常都不可以任何方式给予资金捐助者或赞助人财务上的受益；美国财务会计准则委员会提出非营利组织的三个特征：资财的供应者提供的种种资源既不指望返还也不企求取得经济上的回报，对外提供服务或商品不以营利或某种营利等价物作为目的，不存在可以出售、转让、赎回或一旦清算可以分享一份剩余资财的明确的所有者权益；美国税法 501（c）（3）规定非营利组织必须满足以下规定：该组织的目标完全是为了从事慈善性、教育性、宗教性和科学性的事业，或者是为达到税法明文规定的其他目的、该组织净收入不能用于私人受惠、该组织所从事的主要活动不是为了影响立法，也不干预公开的选举；由莱斯特·萨拉蒙（Lester Salamon）主持的非营利组织比较研究项目对非营利组织特征作了如下界定：组织性（formal organization），指合法注册，有成文的章程、制度及固定的组织形式和人员等；民间性（nongovernmental），指既不是政府及其附属机构，也不隶属于政府或受其支配；非营利性（nonprofit-distributing），指不以营利为目的，不进行利润分配；自治性（self-governing），指拥有独立的决策和执行能力，能够进行自我管理；志愿性（voluntary），指成员的参加和资源的集中不是强制性的，而是自愿和志愿性的。有些学者认为中国的非营利组织由于其历史特殊性并不是完全意义上的非营利组织，这种界定在中国不能直接照搬使用。

联合国最早使用"非政府组织"一词并赋予其积极的制度性含义，认为非政府组织指地方、国家或国际性的非营利性的、自愿性公民组织，由志同道合的人们共同推动。莱斯特·萨拉蒙认为，非营利组织独立于政府和国家之外，具有一定制度与结构，不以营利为目的，不分红，能自主决策和活动，组织成员秉持志愿精神自愿组成，接受自愿捐赠的活动经费。在我国，非营利组织是独立于政府与市场系统之外的具有一定公共性质、承担一定公共职能的社会组织，这些组织不包括家庭等亲缘性社会组织，也不包括政党等政治性组织。

在中国法律体系中，非营利组织主要可分为社会团体、基金会、民办非企业单位及其他，前三类是非营利组织主体构成部分。依据《社会团体登记管理条例》第一章第二条规定："社会团体是指中国公民根据自愿组成，为实现会员共同意愿，按照其章程开展活动的非营利性社会组织。"此类组织在民政部门办理注册登记，由民政部门统一归口管理，包括各种慈善会、学会、协会、联合会、研究会等。《民办非企业单位登记管理暂行条例》第一章第二条规定："民办非企业单位是指企业事业单位、社会团体和其他力量以及公民个人利用非国有资产举办的，从事非营利性社会服务活动的社会组织。"该类组织也由民政部统一归口管理，包括各种民办的非营利性学校、医院、福利院、研究所、文化中心等。按照《基金会管理条例》，基金会是指对国内外社会团体和其他组织以及个人资源捐赠资金进行管理的民间非营利组织，是一种资合性法人，包括地缘性基金会、业缘性基金会、趣缘性基金会等。本研究中非营利组织主要涵盖基金会、社会团体和社会服务机构或者民办非企业单位。

目前，我国社会团体种类和数量都在不断增多，社会影响力也在不断增强，截止到 2015 年年底，全国共有 32.9 万个社会团体，同比增长 6.1%，吸纳就业 734.8 万人，比上年增长 7.7%，2015 年全年累计收入 2929.0 亿元，支出 2383.8 亿元，形成固定资产 2311.1 亿元[①]。社会团体作为我国非营利组织主体之一，在社会建设的各个方面都发挥着日益重要的作用。

社会团体按照服务对象不同有公益型和互益型之分。若是向社会大众提供非排他性公共服务，则为公益型社团，如全国残联等。若是面向会员提供非会员不得享有的物品和服务，则为互益型社团，如各种行业协会、学术性学会等会员性组织。这两类社团财务安排及所涉利益相关者有所不同。

社会团体是人合性法人，而基金会则是资合性法人，是在社会公益名义下对社会财富重新进行分配的合法形式，可视为"富人"表达社会关怀的一种制度安排。按照是否可以面向公众募捐，基金会可分为公募和非公募两类。

在中国历史上，基金会曾经实行业务主管单位、中国人民银行和民政部门共同管理的三重管理体制，后来过渡到现在业务主管单位与民政部门管理的双重管理体制，这是对基金会认识的一次飞跃，打破了其为金融机构或准金融机构的认识，重新定位为社会公益机构。基金会在社会财富再分配中发挥着积极作用，投入基金会的资金不仅体现了自身价值，还引发出各种积极的杠杆效应，表现为多个方面，如出资者捐资附加条款及其所要求条件带来

---

① 梁莹：《我国社会团体登记管理政策的探索与反思》，载于《行政论坛》，2016 年第 5 期。

的促进作用、为实现获取捐款的匹配条件引发的策略性杠杆、私人捐赠和公共基金的互动性杠杆、有些卓越捐赠者由于捐资引发的个人经历经验和才能等的连锁投入与奉献带来的巨大效益等。

我国民办非企业单位发展迅速，就其数量而言已占非营利组织半壁江山。截止到 2015 年年底，在各级民政部门登记的社会组织共 661861 个，其中民办非企业单位有 329122 个，比上年增长约 12.6%[①]。我国民办非企业单位具有较强自主性，但公共性相对较弱。

"民办非企业单位"这一名称目前已经落后于我国实践发展需要，其内涵与外延不够清晰，过于强调"民办"，与目前我国官办民营、民办公助及推进有条件事业单位转为社会组织等发展趋势不相适应。2016 年随着《中华人民共和国慈善法》公布与施行，我国民办非企业单位开始了向社会服务机构名称概念的转换。在 2016 年 6 月 26 日底截止的《社会服务机构登记管理条例》征求意见稿中，已将原"民办非企业单位"更名为"社会服务机构"。未来我国民办非企业单位将从名称与内容方面逐渐与社会服务机构衔接并完成转换。

改革开放以来，在公民社会发展进程中，除自上而下形成的具有官方色彩的非营利组织与自下而上的草根民间组织外，还活动着大量外来型民间组织，学界称其为"在华海外民间组织""海外在华民间组织""境外公益性民间组织""在华的国际 NGO""涉外组织"等。它们在华合法地位的取得及活动范围都受到一定程度限制。目前，只有涉外基金会及外国商会可依照《基金会管理条例》和《外国商会管理暂行规定》登记注册，取得合法性地位。我国相关法律法规还不完善，需要不断建立相关的登记、问责、监管等制度。

---

① 大鹏：《从"民办非企业单位"到"社会服务机构"——〈慈善法〉之第八条"社会服务机构"解读》，载于《中国民政》，2016 年第 8 期。

4.2 非营利组织财务特征

非营利组织与其他组织相比，财产权既具平等性，又有特殊性。非营利组织自身财务特点决定了非营利组织财务行为与其他组织相比存在诸多相异之处。首先，非营利组织不以营利为目的。虽可营利，但营利并非其目的和要求，某些特殊状况下，非营利组织需要亏损经营。这就使其失去了企业财务评价与考核中关键的"晴雨表"指标——利润，导致组织财务行为评价更困难。其次，组织财权存在所有权、控制权和受益权三权分离，受益主体虚拟化，使用权受限，所有者缺位，为组织财务治理与财务管理带来了许多新问题。最后，组织财务活动中不存在利润分配环节，剩余索取权与剩余控制权分离，这与企业大相径庭。

4.2.1 组织财产权的平等性与特殊性

一方面，非营利组织财产权利具有与营利组织相同的地位，非营利组织可以按照法规或契约对其资产进行处置。任何所有权的行使都有源自法律规定或当事人约定的边界和限制。在对待非营利组织法人财产权利问题时，首先应在与营利组织平等基础上寻求组织财产权利边界，对其认可，并给予平等待遇。非营利组织法人财产权得到法律承认，受到法律保护。与营利组织一样，非营利组织具有民事权利能力和行为能力，因此关于民事主体所享有的保护其财产权利的所有法律规定，在非营利组织中同样适用。从表面看，《物权法》对非营利组织所有权问题并未有直接规定，但实质上都有法律依据。非营利组织或具法人资格，或不具法人资格，具备法人资格的组织可直接适用该法律第六十八条第二款规定，不具法人资格的可在第六十九条找到依据。法人财产权的确立是非营利组织财务治理和财务管理工作得以实现的法律基础。组织有权对其资产进行合法合规的管理与使用。而且，根据2016年最新民法草案，我国法人将分为两类：一类是营利性法人，另一类是非营利法人。

另一方面，非营利组织组织特征和公益产权性质又使其具有不同于营利组织的财务特征，组织资产运营受到一些特殊限制，也受到一些特殊优待。非营利组织具有一定公益性，完成公益受托责任。组织或者向一般公众提供有益公共产品，或者向特定人群提供满足其特别需求的普通产品或服务，如对渴望知识的人群提供教育机会，对身患疾病者提供就医条件，也可向偶遇突发事件人群提供更为专业的服务，如对遭受灾害者提供紧急救援等。非营利组织公益性使其可在两方面享受税收优惠：一是适用于非营利组织自身的税收优惠政策，例如，对组织合法收入可免征所得税；二是通过减免向非营利组织提供捐赠的营利性组织和个人的税负使组织获益，例如，企业对于非营利组织的有些捐赠可以作税前扣除，降低企业计税依据。

4.2.2　组织的非营利性

非营利组织的"非营利性"是指不以营利为目的、不能进行剩余利润分配、不得将资产以任何形式转变为私人财产，清算时不得进行分配。

非营利组织的"非营利"指向其组织宗旨与目标，并非指盈利结果。在从事公益活动过程中，组织需要一定的资金结余来维持日常运作，需要科学管理来获取盈利。获利是非营利组织维持生存的手段之一，也是其良好经营的结果之一，与组织的非营利性质一致，并无违背。只有具有持续获利能力或者筹资能力，组织才可能获得可持续发展的机会。但是非营利组织不能为了获利而从事背离其公益宗旨的行为。

非营利组织出资人与管理人员皆不得从组织财产及运作中获取正当报酬以外的私利。除法规规定的正当权益，非营利组织利益相关者不得对组织结余进行分配。出资人资金投入组织后，就不再享有与出资金额大小相应的受益权，他们拥有资金使用知情权。组织日常运作中收支之差不能以剩余利润形式分给出资人。当组织不再继续，由于章程规定的经营期限届满或其他解散事由出现而申请解散清算或者由于资不抵债流动性不足而申请破产清算时，在清偿债务及发放职工应得报酬后，剩余财产应转交给另一个非营利组织或者交由政府部门接管，不得分配给出资者等个人或挪作他用。

4.2.3 资金占用来源的特殊性

非营利组织资金占用形式多为流动资金，固定资产与无形资产相对较少。在流动资金中，货币资金居多，这与组织"主营业务"性质相关。服务类组织不同于生产类企业，他们不具有大型固定设备，因此在财务会计核算中固定资产管理相对比较容易。现有非营利组织中无形资产比重极小，其内容主要有专利权、非专利技术、商标权、著作权、土地使用权等。其实组织声誉或公信力作为组织无形资产对于组织各项财务活动开展十分关键，但目前尚未纳入财务会计的无形资产内容当中。

在非营利组织资金来源中，负债所占比重相对企业较少。企业中负债能够为其带来财务杠杆效益，当企业资金利润率大于负债利息率时，可以为投资者带来更多收益。但在非营利组织中，资金安全性则更为重要，无须考虑为投资者赚取更多收入，因而非营利组织不会考虑为出资人获取杠杆收益而借款。在资金来源中，投资收益比重也相对较低，非营利组织投资以安全性为重，投资项目也会选择保本型稳健产品。保守的资金来源结构在为组织资金提供更多安全性的同时也降低了组织创收能力。

4.3 非营利组织财务公平理论体系构建

结合非营利组织财务特征，将企业财务公平理论应用于非营利组织中，落实于财务关系与财务行为，最终构建出非营利组织财务公平理论体系。该理论体系中公平理念与企业一样，强调的是一种基于"共同善"的公平。

在将企业财务公平理论应用于非营利组织时，因为现有企业财务公平理论主要是针对经济利益分配公平等客观财务公平研究，主观财务公平研究相对较少，所以在主观财务公平部分借鉴了组织公平中对公平主观感知的研究方法。另外，考虑到财务公平影响因素，将非营利组织财务公平的辅促因素融入组织财务公平理论体系中。

非营利组织财务公平要求组织在财务决策中能够充分考量利益相关者利益，完成公共受托责任。此处的充分考量并非意味着所有相关人利益都要无条件绝对满足，而是应在现有条件下相对满足，一定要把握好尺度和方向。当不同利益相关者存在利益矛盾时，需综合考虑，把持好平衡。当有些利益相关者对组织的要求与组织财务目标相悖时，如恶意竞争者，应采取措施尽量减少其对组织及其他"正向相关者"的负面影响。

非营利组织财务公平涵盖了结果公平、过程公平与信息公平等内容，包括客观与主观两个层面。财务治理与财务管理相关制度、程序与措施是财务公平客观层面，而在具体运作中各利益相关者对于财务公平的感知度是财务公平主观层面。这两个层面相互作用，共同构成了财务公平理论内容。

4.3.1　非营利组织财务公平理论框架

非营利组织的组织目标是提供公益或互益服务，实现公益宗旨，组织各种行为均须服从于该目标，财务也不例外。生存与良性发展是组织目标实现的前提，因此，财务首先也应满足其生存之需。收支平衡作为存续基本约束条件，是非营利组织财务经济目标的首要要求。在此基础上，组织延续性要求能够留有一定结余以应对各种意外事件，防范风险，并拥有更强项目执行力。这种经济目标与非营利组织社会效益目标具有内在一致性，并非非此即彼关系。应打破传统中以不盈利作为非营利组织公益性判断标准的误解，充分肯定非营利组织的财务经济目标。

非营利组织财务不仅要达成经济效率目标，还应充分考虑社会效益目标。在分析经济行为时，新古典经济学对社会关系的零嵌入立场与社会学理论的强嵌入立场均过分否定或强调了社会关系对于理性经济行为的影响。应在一定程度上认可社会关系对经济行为的作用，同时还需保持经济过程独立性。非营利组织作为公益财产受托方，有责任履行公益受托责任，提高公益财产运作效率，使公益服务效益最大化。

非营利组织财务公平目标是实现上述经济效应与社会效益有机统一，达到效率与公平互促共进，以完成组织公共受托责任。财务经济效率的提升能够有效促进公平，公平的实现反过来又会促进财务效率提高。效率是测量公平的一种尺度，它作为投入要素的公平从另外一个视角诠释了公平意义。效率和公平是矛盾统一体，如何使其"尽可能完美地统一"是非营利组织财务公平的目标任务。该财务目标中蕴含着效率与公平这一对矛盾体的冲突与融合。融入了"冲突"和"冲突强度"概念的研究，才是逼近真实的财务目标结构研究（李心合，2005）。

非营利组织财务公平目标通过客观与主观两个层面得以实现。非营利组织公平可分为两个层面：第一层面为客观状态，它通过各项规章制度的完善发展和机构设置与制衡来达到组织公平，然而完全意义上的终极公平很难实现；第二个层面为主观感知，是利益相关者对财务公平的主观意识感受。这两个层面相互联系，共同构成了公平的完整状态。财权配置与财务程序等客观财务公平是主观财务公平的影响因素，它直接作用于利益相关者的财务公平感知。主观公平感知也需要客观公平为其提供条件与保障。反之，若是一种公平的制度与状态不被利益相关者所接纳，则其对于公平的实现程度及对组织发展的推动作用就会受到质疑。组织客观财务公平行为在安排时只有结合有关财务公平感知要素进行，才能够更好实现财务公平目标。非营利组织客观财务公平与主观财务公平共同在组织财务公平目标统领下，服务于包括经济效益与社会效应在内的、融入公平与效率的、辩证统一的财务公平目标。在这一目标实现过程中，组织面临的内外部制度、文化等环境因素都会对其产生一定影响，妥善处理组织与环境的关系，能够对非营利组织财务公平实现起到一定辅促作用。

非营利组织财务公平理论体系如图 4.1 所示。

4.3.2　客观财务公平

公平视角下财务治理与财务管理共同组成了非营利组织财务公平的客观层面。企业财务系统由财务管理和财务治理组成。财务治理作为一组联系各利益相关方的结构网络和制度安排，目的是达到利益相关主体之间责权利相互制衡，更有效地维护和满足各方利益，实现效率与公平合理统一。财务治理规定了企业财务运作基本框架，财务管理则在此框架下促使企业财务目标达成（林钟高等，2005）。

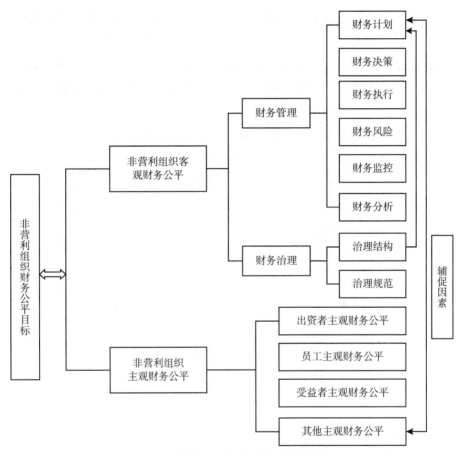

图 4.1 非营利组织财务公平理论框架

非营利组织亦然，公益产权基础上的财务治理与法人财产权基础上的财务管理共同构成了非营利组织财务体系（于国旺，2007）。因而，非营利组织财务公平实现也应从财务治理与财务管理入手。

财务治理从组织结构与组织制度两方面规定了财务运行秩序。公平视域下财务治理需特别强调各方责权利均衡。相互制衡不是财务治理的根本目的，但它是保证科学决策的方式与途径。正确处理委托代理关系是非营利组织财务治理的中心议题，财权配置是其基础，利益相关者共同参与是其正确选择（于国旺，2007）。恰当财务治理模式的选择能够促进组织财务公平实现。基于财务公平，本书在第 6 章建立了非营利组织协同财务治理模式。

财务公平视域下，公平与效率融合在财务管理活动中反映为财务活动对效率的追求与财务关系处理中各方利益的周全。虽然在很多组织中，并没有实物产品，投入产出比很难评价，但是并不代表非营利组织中无效率。就财务活动内容而言，筹资活动、用资活动与投资活动中均需讲求高效。组织资金筹集仍会产生筹资费用，不同的资金筹集方式费用各不相同。需权衡多种方式下资金筹集效果，结合其他内外部约束条件，确定适当筹资方式。在组织资金使用过程中，无论是维持组织运转的日常开支还是公益项目支出，皆要比对资金使用结果，争取花更少钱办更多更有效的事。暂时闲置资金对外投资时，在保证安全性前提下，也应考量资金收益。在财务公平目标实现过程中，非营利组织财务风险往往易被忽视，尤其需要引起重视。非营利组织财务风险分析见本书第 6 章。

非营利组织财务公平要求，无论是筹资、用资还是投资活动，在基本财务流程中都应照顾到所涉利益相关者，妥善处理各种财务关系，包括出资者与组织之间、组织成员与组织之间、受益者与组织之间以及其他利益相关者与组织之间和利益相关者相互间与内部的各种经济利益关系。其中，前两种财务关系将在本书第 7 章结合主观公平感知进行详细分析。在非营利组织财务计划、财务决策、财务执行、财务监控、财务分析的基本流程中，需鼓励有关人员积极参与，倾听多方声音，保证程序公平与信息公平以促进结果公平，使大家获得更多公平感知。

互益型非营利组织财务受益者为组织内部会员成员，公益型非营利组织财务受益者为特定群体中不确定个体，他们对组织并不像企业剩余收益所有权者那样拥有剩余收益索取权。但组织不能因此就轻慢其感受，忽视其利益，仍应按照事先有关约定提供相应产品与服务。非营利组织不能擅自修改限定用途资金的用途，不能任意减少公益项目资金支出比例，不能将资金用

于无关组织宗旨的项目，不能将资金置于高风险状态。资金使用效果评价的
难度、受益人个体的不确定性、受益人的变化性等困难均不应成为非营利组
织忽略受益方的理由。

非营利组织还应恰当处理与潜在出资者、政策提供者、环境影响者等
其他利益相关者之间的财务关系，考量各方需求，以实现基于共同善的财
务公平。

4.3.3　主观财务公平

非营利组织公平的主观层面是指利益相关人对于组织公平程度的感知，
具体到财务公平是指他们对与自身利益相关的财务事项的公平感知。于出资
方，财务公平感知主要源于其对资金用途、资金安全度、资金使用过程、使
用效果等事项的感受。虽然出资行为使他们散失了对资财的所有权及直接受
益权，但他们有权要求组织按照约定管理与使用资金，有权获知资金使用过
程及结果，这也是他们最为关心的财务事项；于组织成员，尤其是领薪专职
成员，财务公平感知主要源于自己福利待遇决策的制定、分配经过和最终的
结果；于组织受益者，财务公平感知主要源于资金安排程序与最后所得利益
的合理性。互益型组织受益者身兼出资者双重身份，但个体并不能够按照出
资数量大小要求享受对等份额或金额的服务，他们在获益方面的不确定性与
公益型组织的受益者基本相同，就受益者这一身份而言，其财务公平感知不
因出资行为或者出资金额大小而受到牵制。出资者与组织成员的财务公平感
知将在后续章节中做进一步探讨。

对其他利益相关者而言，由于与非营利组织直接接触较少，因而其对组
织的财务公平感知主要源于来自各种渠道的组织财务相关信息，包括资金使
用状况等直接财务信息和隐藏在评估结果与排名、组织公信力或信誉等之中
的间接财务信息。此时，组织对外公布的信息及媒体的宣传报道就特别重
要，它们直接影响着组织对外形象。

非营利组织信誉是外部利益相关者财务感知的关键影响因素。组织应严
把财务关，避免负面财务事件如贪腐欺诈等行为产生，向外界传递财务状况

良好的信息，给相关关系人留下美好印象。非营利组织信誉是指由于遵守契约、恪守约定而建立起的声誉，其载体即为组织现有与潜在利益相关者，它不仅仅体现为组织对法律法规的遵守和公益活动开展的效率，更体现为对公共利益的维持，组织活动实际成果必须与利益相关者感知和期望相一致。它是一个多维概念，一方面，组织必须承担起责任，通过科学管理方法、高质量服务、透明的信息公开制度、高效沟通渠道等实现组织目标和使命，赢得公众信任；另一方面，组织也接受着利益相关者的责任追究。

非营利组织财务公平中的主观感知，若利益相关者为个人，则为个人公平感知；若为其他主体如出资企业等组织，则将该相关组织作为一个整体，考虑其财务公平感知。此时，利益相关组织关心的是非营利组织对自身利益造成的影响，他们的财务公平感知主要源于从非营利组织获取的经济利益。

第 5 章

非营利组织财务
公平目标：财务和谐

和谐是人类永恒追求的共同目标，也是全人类共同的价值理念和价值追求。主流财务理论由于受新古典政治经济学的影响，被限定在一系列严格的假设条件之下，面对诸多现实问题越来越感到无力应对。于是突破各项假设条件的财务理论正日益兴起。和谐财务理论正是这些新兴财务理论中最具说服力和生命力的理论之一。许多学者对企业财务和谐理论进行了研究，提出了企业财务和谐理论的基本思路，并在理论框架方面进行了有益尝试。对于非营利组织而言，同样需要财务和谐理论来帮助解决现实中的众多问题，诸如财务不公平等。

非营利组织财务公平的最终目标是经济效率与社会效益的统一，是效率与公平的统一，是非营利组织各利益相关方权益相对平衡基础上的"财务和谐"境界。财务和谐是非营利组织财务公平的终极目标。非营利组织应促进财务活动、财务关系和财务文化等的和谐，实现财务和谐目标。

5.1 非营利组织财务和谐内涵

非营利组织中的委托代理关系与利益相关者的存在为其财务和谐构建提

供了理论基础。对非营利组织而言，代理关系和利益相关者具有区别于其他组织的特点，许多学者分别从不同视角对其进行了研究。有学者使用新古典经济学与委托代理理论，探讨了组织与工会、专业人员协会、机构投资者、捐赠者、社区、政府承包人、竞争对手、顾客、供应商之间的关系，给出了一个比前人研究更为广泛的非营利组织利益相关者的观点（Rikki Abzug and Natalie J. Webb，1999）。也有学者建立了以资源为基础的利益相关者治理体系（Young D. R.，2011）。蔡宁和江伶俐（2014）在对非营利组织信息需求和信息披露质量进行研究时，将非营利组织利益相关者分为确定型、预期型与潜在型三种类型。组织的不同利益方为了自身经济或非经济利益难免会产生诸多的冲突与矛盾，这些不和谐行为大多与组织财务相连，且涉及组织利益相关者"权益"的不均衡态。其解决有时是以组织声誉或者效益的巨大牺牲为代价的。因而非营利组织财务和谐对组织长期稳定发展至关重要，是摆在组织面前亟待解决的一个新课题。

非营利组织财务和谐是指使组织利益结构与利益关系处于一种相对合理状态的理念，它以可持续发展理论与利益相关者理论为基础，以和谐财务目标为统领，以和谐财务关系为核心，将和谐思想落实于组织财务活动之中，能够在和谐的文化氛围中更好地满足各利益相关者利益，达到一种相对平衡的状态，以使组织健康可持续发展。

"完全意义上"的无不和谐因素的财务和谐是一种理想境界，它能够使组织"财务关系人"各就其位，各司其职，各得其所，和平共处，相互支持。但这只是一种理想。非营利组织财务和谐中的"和谐"是一个动态变化过程，是一种相对稳态，是对非营利组织财务运动过程与财务关系处理中的非平衡态因素不断进行调整以使组织呈现出平稳高效发展的均衡态势。在这种和谐中，明确的和谐财务目标是中心要素，其他要素需服从于此目标并推动其实现。和谐的财务关系是非营利组织财务和谐的核心内容，组织行为最终需落实于具体的个人，有关个人关系的相对平衡态是推动组织系统整体平稳发展的要素。和谐财务关系的表现和谐财务活动是财务和谐理念的落脚点，财务和谐最终通过财务活动得以实现。这种实现要求组织具有和谐的文化气氛，它能促使和谐财务活动在自觉与不自觉当中顺利完成。在非营利组织财务和谐中，各种要素相互独立又互相依赖，它们具有各自独立的特性与表征，却又相互渗透与融合，形成一个和谐整体。

5.2　非营利组织财务和谐目标

非营利组织财务目标是组织从事财务活动、处理财务关系所要达到的目的和要求。财务目标源于财务本质。对于企业财务本质，学界有货币收支活动论（杜英斌等，1988）、货币关系论（吴水澎，1987）、资金关系论（郭复初，1996）、"财权流"论（伍中信，1998）、价值分配论（张国干，1979；刘贵生，1994）、财务契约论（张正国，2008）、价值创造与价值分配论（干胜道，2013）等说法。由于非营利组织的非营利特性与非分配特征，有些理论如本金投入及收益论与财务主体分配论并不适用。分析各种企业财务本质论，借鉴其中精华要素，得出非营利组织财务的实质就是通过合理的财务制度与财务权利安排，有效地培育和配置财务硬资源和财务软资源，以求利益相关者的"利益"更大化和协调化，实现组织社会效益与经济效益更优化，促进组织可持续发展。非营利组织财务本质要求在制定财务目标时，充分考虑多方利益相关者利益，承担相应的经济责任与社会责任。这恰恰体现了组织和谐财务的要求。

有学者认为，非营利组织的财务目标是获取并有效使用资金以最大限度地实现组织社会使命（张彪和张士建，2003）。事实上，非营利组织财务目标确定视野应更为广阔。组织接受社会的委托来管理、运作和分配一定形式的公益财产，既有责任按照资源提供者的要求使之最终用于受益人，又有责任最大限度地提高公益财产的管理、运作和分配的效率（王名等，2004）。非营利组织的经济效益目标要围绕社会效益目标的实现而实现（于国旺，2007）。为此，需建立一个与财务本质相契合的和谐财务框架下的非营利组织有层次性的系统的财务目标体系，它包括总体财务目标和具体财务目标。总体目标是非营利组织全部财务活动的最终目标，是进行一切财务活动的出发点和归宿，它决定着财务管理的具体目标，决定着财务管理的基本方向。

具体目标又可以按照财务活动内容与财务管理环节、财务活动的时间跨度进行进一步分类。按照财务活动内容与财务管理环节，可将具体财务目标分为筹资目标、投资目标、用资目标等，每个小目标可进一步细分。如筹资目标可分为筹资规模目标、筹资方式目标等，用资目标可分为日常用资目标、项目用资目标等。按照财务活动的时间跨度，可将组织财务目标分为短期目标、中期目标、长期目标等，每个时间段的财务目标均可按照财务活动内容与环节再次细分。在这个财务目标体系的各个层面，均应充分考量组织利益相关者的需求与利益，以使各方达到相对均衡。

5.3 非营利组织财务和谐关系

非营利组织财务关系是指组织与各方利益相关者之间的经济利益关系。依据可持续发展理论，可以从时间与空间两个维度将非营利组织利益相关者分别进行分类。时间上，分为当代利益相关者与未来利益相关者；空间上，以组织自身为界线，分为内部利益相关者与外部利益相关者。外部利益相关者根据其与组织关联度可分为直接利益相关者与潜在利益相关者。当代的潜在利益相关者可能转化为未来的直接利益相关者。非营利组织和谐的财务关系是组织财务和谐的核心内容。

非营利组织财务和谐要求组织处理好与捐赠者、债权人、政府、高层管理人员、普通员工、受益者、服务对象与潜在出资人等利益相关者之间的财务关系。作为组织的非收益性"原始"资财提供者，捐赠方、债权方与政府有着不同的利益诉求，应区别对待，在合法合规与组织章程范围内充分考虑其权益，以使其"更加"满意，在树立组织诚信形象基础上建立和培育组织同各资金提供者之间的关系，从而为组织获取可持续资金奠定良好基础。政府有关部门作为非营利组织的管理者与监督者，对组织财务影响甚大。组织应处理好同政府的关系，充分发挥政府对组织活力激发的积极作用。非营利组织内部决策要素提供者——高层管理人员与执行要素提供者——普通员工同组织之间的关系，及两者相互关系与各自内部关系直接关系到组织运行效率的高低和组织生命力的强弱，应妥善处理，以使组织内部人切实感觉到组织财务公平，工作时乐在其中。虽然非营利组织提供的产品和服务很多具有公共物品或准公共物品特性，质量很难量化，也不会直接影响组织"利润指标"，但不能因此忽视受益者与服务对象的感受和这一环节的财务关系，否则组织财务目标直至组织使命将难以完成与真正实现。另外，组织还应妥善处理与潜在出资人等潜在利益相关者之间的关系。目前我国慈善事业正从过去传统的、精英的、富人参与的、施舍的形式，向大众参与、人人参与的公益事业转型。慈善事业正在成为普通大众参与的公民行为，每个人都可能成为非营利组织潜在的利益相关者。因此，应在社会范围内建立组织诚信机制，并逐步确立公益价值观，以吸引更多人参与到组织活动中。

5.4　非营利组织财务和谐活动

非营利组织财务活动是涉及组织资金运动的各种行为，包括组织的筹资活动、投资活动、用资活动等，体现在组织财务预测、财务决策、资金使用、财务信息披露、财务风险防范与控制等财务管理环节中。财务活动反映了组织的财务关系，和谐的财务关系需要通过系列财务活动予以落实。和谐价值观下财务活动的合理安排是实现组织和谐财务目标的基础与关键。

目前我国非营利组织财务活动中还存在许多"不和谐"现象，诸如资金筹集能力差、财务信息透明度不足、财务会计核算基础较差等。以安徽省基金会财务现状为例，其总体筹资数额较少，且筹资方式较为单一，2012年筹资额在200万元以下的基金会占5成以上，且对境内组织捐赠依赖性过大，此项收入占到总收入的约80%；并非所有组织都能够按照规定公开其财务数据，且数据说明不够明确，《民间非营利组织会计制度》规定应在年度终了后四个月内对外提供的会计报表附注与现金流量表很难查询到，应收应付款项、限定性收支、其他费用等内容说明不够具体；披露的财务数据存在明显勾稽错误。这些财务活动的"不和谐"反映了组织与出资人、组织内部、组织与潜在利益相关者之间财务关系的"不和谐"。为了推进财务活动及其涵盖的财务关系更趋合理化，应加强非营利组织财务管理，使其更为规范与有效。对于组织筹资规模小、资金来源较为单一的状况，一是需提升组织自我创收能力。增加商品销售收入和提供劳务收入的份额，将无形商品有形化，最大限度转化为组织收入。二是要提高投资收益。不仅要合理安排长、短期投资占总资产的比重，更要提高投资收益率，选择更佳投资项目，分享经济发展的胜利果实。三是应适当提高负债比重。诚然，负债越多则财务风险就可能越大，但负债是一把"双刃剑"，还会产生杠杆收益。此处杠杆收益并非指利用债权人资金为所有者创造更多财富，而是利用债权人资金更好实现组织宗旨。对于组织财务透明度不足问题，一是要规范披露内容，组织应按照法规规定在既定时间内披露有关财务信息。二是丰富披露媒体与披露方式，尽量使用网络公开方式以提高信息可获得性，降低信息使用者的信息获取成本。三是加强内部控制与外部监管，优化组织内控环境，健全组织内控制度，促进组织内控实施，强化组织外部监督，对没有按规定及时披露财务信息和没有按照规定内容披露财务信息的组织给予相应惩罚。对于组织财务信息核算问题，一是要吸引专业财会人员到组织中去，帮组织把关。二是要完善组织财会监督机制，严格执行有关法规中对非营利组织审计的相关规定，推动组织财会工作走向规范化。另外，在日常财务活动中，非营利组织还应关注其筹资风险、投资风险、用资风险、组织失败风险等各项财务风险，及时予以防范和控制。

5.5　非营利组织财务和谐文化

　　非营利组织文化反映了组织中人们共同的价值观念，渗透于组织行为之中。组织文化在财务活动中的体现就形成了财务文化。非营利组织除依据各项法规章程等正式规范制度行事以外，还需依靠使命及在此基础上形成的统一价值观来实现员工思想与行动的一致性。在组织特殊的公共产权形式与所有权、控制权、受益权三权分离的财权特征之下，员工以及受益者之外的所有利益相关者缺乏共同的经济利益，他们要按照相同的意念行为，形成合力，达到相对均衡的和谐状态，就需要在精神上，在文化领域形成一定的激励与软约束因子。和谐财务文化恰好充当了这一角色，它能够提高组织成员的素质，调动他们的工作积极性，改善组织中的人际关系，进而提升组织活动的效益。

非营利组织和谐财务文化是从文化视角，着眼于文化建设去引导、支持实现组织财务活动与财务关系的和谐。王棣华和孙朴村（2009）认为，和谐财务文化构建的前提是互利文化，构建的基础是财务关系文化，构建的核心是诚信文化，构建的保障是正义文化。非营利组织和谐财务文化的建立需要在组织内部建立诚信机制，实现财务公平，理顺组织利益相关者之间的财务关系。为此，需进一步完善组织内控制度，规范组织财务行为，避免财务欺诈行为，为和谐财务文化打下良好基础。同时搭建通畅的财务信息沟通平台，确保组织内部财务信息流动顺畅，使大家能够较为方便地掌握各项财务资源的来龙去脉，避免由此引发不必要的财务误解。另外，应将财务公平理念渗入组织行为，使组织的利益相关者真真切切地感到受到较为公正的对待，处于一种相对稳定的利益结构与利益关系之中。只有组织的财务关系人团结一致、和谐相处、共同努力，才能使组织走得更远，行进更快。

5.6　非营利组织财务和谐构建

目前我国非营利组织财务和谐的构建尚存在诸多障碍，包括各种内部障碍和外部障碍。组织内部管理尤其是财务管理存在很多不规范之处。在日常运作中，各项资产管理方法陈旧，存在救灾食物过期、夏天发放救济棉被等现象。在项目运作中，资金调配不尽合理，长期存在预算工作不到位或者无预算资金管理状况。在与外部沟通方面，许多组织存在信息沟通不畅、财务信息不能及时按照规定公布或者所披露财务信息不完整等问题，各利益相关者利益不能得到有力保障。财务和谐要求采取各项措施，逐渐排除内外部障碍，营造和谐环境。

首先，社会各方需重视非营利组织财务和谐建设工作。目前学界和实务界许多学者与实务工作者都很重视企业财务和谐构建，然而对非营利组织财务和谐则重视不够。组织的管理部门与监督部门、组织内部管理人员与普通员工、组织其他利益相关者都应先从思想上充分认识到财务和谐对非营利组织生存发展的重要意义，了解组织财务和谐对于解决组织诸多财务问题及其他管理问题的显性与隐性作用。这样才能为财务和谐的构建排除思想障碍，注入强大动力与活力，从而有力推动非营利组织财务和谐的构建。

其次，非营利组织财务和谐的构建需要采取系列有效措施。它要求组织设置合理的结构安排，建立严密的内部控制制度和科学的管理规范制度，确保财务信息的相对透明、财务管理的合法合规、财务治理的流畅高效，最终实现组织财务能力提高基础上各利益相关者利益的相对平衡，形成组织发展的和谐氛围。在组织财务和谐构建过程中，尤其需关注各方现存利益相关者与潜在利益相关者的意愿，唯此方能真正实现和谐。为此还应采用各项具体措施，例如区别不同类型捐赠者，建立捐赠者档案，对有需求的出资人应详细向其披露资金去向与使用效果。

最后，非营利组织财务和谐的构建需配之以相应的保障与奖惩机制。在构建过程中，配套的人、财、物等必要保障需能跟上，尤其应注重对专业化人才的培养与训练。同时，需在各个环节设立奖惩制度。由于和谐度不便于准确综合量化，因此相应的奖惩措施不易直接与"和谐"数值挂钩，可将其渗透于和谐工作的各个具体方面之中，例如财务活动的各个环节、财务制度的制定实施等实践工作中。

第 6 章

非营利组织财务公平治理与财务风险管理

在企业，财务治理与财务管理均以公司治理和产权制度为理论基础，财务治理以财权配置为核心，通过权责利的制度安排处理代理问题，而财务管理则是在既定财务治理结构下对资金运动具体活动进行管理。两者终极目标一致，作用互补，共同构成完整财务体系（申书海和李连清，2006）。在非营利组织中，财务治理与财务管理作为财务体系的重要内容，也是相互联系相互补充的，共同完成组织财务目标。财务公平视阈下，非营利组织财务治理与财务管理强调利益相关者协同治理，合理设置财务机构，分享相应财务权利，要求建立有效的激励监督及信息披露制度，合理控制财务风险。

6.1 非营利组织协同财务治理——基于财务公平的财务治理模式

"天地合气，万物自生"，中国古代自然哲学思想中蕴含着丰富的协同思想。传统的管理理论中也体现了不同要素之间协同的重要作用。而协同学作为一门科学，是在 20 世纪 70 年代由德国著名物理学家赫尔曼·哈肯（Hermann Haken）所创立。协同学是研究由完全不同性质的大量子系统（如电子、原子、分子、细胞、神经元、力学元、光子、器官、动物乃至人类）所构成的各种系统。研究这些子系统是通过怎样的合作才在宏观尺度上产生空间、时间或功能结构的。尤其要集中研究以自组织形式出现的那类结构，从而寻找与子系统性质无关的支配着自组织过程的一般原理。（Haken，1989）

协同反映的是事物之间、系统或要素之间保持合作性、集体性的状态和趋势。狭义上的"协同"是指合作、互助和同步等行为；广义上的"协同"是指在复杂大系统内，为了实现系统的总体目标，各子系统或各个组成部分之间相互配合、相互支持形成的一种良性循环状态。此状态下，通过各子系统的相互作用，产生出超越各要素自身独自作用之和的整体效果，实现了 $1+1>2$ 的效应，最终形成有序的统一整体。其中，协同的目标性是引导系统内各组成部分相互协同的关键，起到统领作用。复杂系统中，随着外部能量流和物质流的输入，系统会通过大量子系统之间的相互作用，在自身涨落力的推动下达到新的平衡与稳定。哈肯用他发现的支配原理确定序参量运动方程，求解序参量方程并考虑涨落的影响，提出了协同学的一整套做法，分三步处理自组织问题。基于协同学要义，依据其原理，其研究对象必须具备复杂系统、开放系统、系统内部存在非线性作用、系统原理平衡态、系统随机涨落等要件（张立荣和冷向明，2008）。

随着系统科学研究的不断深入，协同学逐渐被广泛运用于管理学等社会科学领域，成为一门跨越自然科学与社会科学的综合学科。安索夫（Ansoff，1986）、伊丹广之（Hiroyakiltami，1980）、托马斯（Thomas，2001）、巴泽尔和盖尔（Buzzell and Gale，2001）、曾国屏（1996）、陈金祥（1998）、刘友金和杨继平（2002）等学者分别对"协同"及"协同"在管理理论中的运用进行了界定与分析，都强调了协同过程中系统的整体协调性。协同学在企业、政府及社会事务与公共危机管理领域应用较为广泛，在非营利组织领域使用较少，有些学者在对大学管理的研究中使用了协同理论。李超玲和钟洪（2008）认为，现代大学可实行行政性治理与社会性治理联合作用的"协同治理模式"。季元杰（2012）将协同治理看作是高等院校治理模式的新选择。

协同治理理论是自然科学中协同论和社会科学中治理理论的交叉理论，

对解释社会系统协同发展具有较强解释力。哈肯最早明确提出协同学研究对象，指出它是一门研究普遍规律支配下有序的、自组织的集体行为的科学。协同治理作为协同学与治理理论的交叉理论，强调通过协作实现 1 + 1 > 2 的效果。非营利组织财务治理具备协同学要件，与协同治理具有契合性。将协同学引入非营利组织财务治理，构建协同财务治理模式，能够有力促进非营利组织财务公平实现。

非营利组织协同财务治理通过利益相关方责权利相互制衡，达到效率与公平合理统一，实现整体效益大于局部效益之和的协同效应。非营利组织财务公平要求一种能够兼顾不同利益相关者权益的相互制衡的财务治理机制。内外部共同作用的非营利组织协同财务治理模式恰好满足了财务公平的这一需求，更好体现了财务公平精神。协同财务治理通过不同相关方共同治理，达成协同效应，有效促进了组织财务运作水平提升，使组织财务行为更加科学高效，是非营利组织财务公平下的理想治理模式。

6.1.1　非营利组织协同财务治理是财务公平实现的必然选择与可行路径

6.1.1.1　非营利组织协同财务治理与财务公平具有相同的价值取向

非营利组织财务公平要求维护利益相关方共同利益，这与协同财务治理价值取向一致。协同治理是所有管理共同利益机制的统称（李冬，2012）。非营利组织财务公平的实现要求顾及各利益相关者整体利益诉求，关注不同相关人员与群体需求，使各方利益相对平衡，从而实现社会公益最大化。组织公共性使得每一个利益相关者都对组织生存至关重要，在此状况下，由利益相关者共同参与治理在逻辑上就是必然的。唯此，方能使不完全产权的非营利组织更好地考虑不同利益方动机与目的，更加公平地对待所有与其关联的主体，在财务行为上亦然。

非营利组织利益相关者之中，既有对组织进行了专用性投资的主体，如捐赠者、管理者、志愿者、目标受益者等，也有虽未对组织进行专用性投资，但却直接或间接受到组织行为影响或者对组织行为产生直接或间接影响的主体，如社会大众、媒体、政府有关部门、同业竞争者等。他们对组织分别有着不同的意愿与需求。财务公平要求按照相关者类别充分考虑其要求，对组织有利方需权衡利弊，应把握效率与公平尺度，对组织不利方如竞争者，应采取有力措施抗衡并最终求稳取胜。

非营利组织财务公平要求处理好公平与效率的关系，在按照投入要素的公平与按照结果的公平之间把握平衡，不仅要看最终公平度，还要注重过程公平。这就要求深入了解各种协同方与组织的关系，剖析他们在组织资金运动不同环节与链条上的付出和产生的功效以及结果对他们各自的影响状况。不同利益相关者在资金运作不同阶段发挥自身作用，共同努力完成财务目标，也正是协同财务治理精髓所在。

6.1.1.2 非营利组织协同财务治理能够节约委托代理成本

委托代理关系中，由于委托人与代理人目标不一致和信息不对称，会产生代理成本，包括代理人履约成本、委托人监督激励成本和双方不一致引发的机会成本。在非营利组织财务公平治理框架内，组织中及组织外希望组织长远持续发展的利益相关方能够同心协力在自身权限范围内为组织服务，尽可能把利益冲突控制在适当范围内以实现协同效应。协同财务治理要求组织内部有关主体有共同的财务目标，能够统筹安排组织内财务事项。非营利组织协同财务治理中合理的激励与监督机制使大家都能感受到公平，觉得自己就是组织的主人，行为积极性与主动性倍增，从而履约成本降低，监督成本也随之降低。组织内外部良好的信息沟通减少了信息不对称带来的各项交流成本、决策成本和机会成本，提高了财务管理效率。

6.1.1.3 非营利组织财务治理与协同学的契合性分析

非营利组织财务治理符合协同学诸要件，与协同具有契合性。复杂系统、开放系统、存在非线性作用、系统远离平衡态及系统有涨有落是协同学研究对象需符合的条件。首先，非营利组织财务治理机制是一个复杂而开放的系统。组织财务事项受到政治条件、经济形势、文化氛围、有关人员心理等各种内外部环境因子约束，而且这些内外部因素还经常处于变动当中，加上非营利组织自身财务特点与产权特征影响，财务治理系统就更显复杂。组织还需与外界进行财务信息交流以做出科学决策，它不是一个封闭系统，需要从外界获取资源，其公益性也要求向外界公布自己有关的财务信息，是一个开放系统。其次，非营利组织财务治理系统存在大量的非线性作用，在非稳定的远离平衡状态下进行着明显涨落运动。组织内外利益相关者知识差异、能力差异、掌握信息量不等、环境变化等因素，使财务治理行为的因变量与自变量之间不具备持续线性特征的比例关系，呈现出非线性特征。非营利组织财务治理中尚存在许多问题需解决，治理效率有待提升，亟须科学可行的治理机制来应对各种困惑与挫折，以使财务治理系统达成一种新的有序状态或有序结构。

6.1.2　非营利组织委托代理关系分析

在企业，资金所有者将自己的财富委托给他人进行管理以获取经济利益，股东作为委托人，有权要求作为受托人的经营管理者为实现所有者收益而行为。当所有者将资金交给公司时，便形成了法人财产。公司对这些财产拥有法人产权，具有占用、使用和依法处置等支配权，于是，资产权利便发生了分解，权利主体呈现多元化，所有者、支配者和管理者形成了不同的责、权、利关系。在这种委托代理关系下，代理人按照委托人授权为其利益行事，代理人通过完成委托人指定任务而获取相应报酬，所有者对公司的最终权利就变成了剩余索取权与决策权，他们对公司的控制问题就成为委托人对代理人进行激励和监督的代理问题。由于委托人和代理人利益不尽相同，因此，为保证代理人行为能够符合委托人的利益和要求，就需要有一个各种权利相互制衡的公司治理结构，这也是实现企业财务公平的基础条件。公司治理基于效率与公平前提，对利益相关者权责利进行制度安排。财务治理作为公司治理的核心内容，是应对委托代理关系中各种代理问题的一个有效途径。

委托代理问题也是非营利组织财务治理需要关注的关键议题。延森和梅克林（Jensen and Meckling，1967）认为，非营利组织跟企业、政府一样，都是有效的关系性合约网络，是利益相关者之间系列契约的集合。这些契约包含利益相关者之间及各自内部达成的协议（Coase，2003）。非营利组织中也存在着委托代理关系，它虽然不像企业，委托人收益取决于代理人努力成本，但委托人心愿的达成却取决于代理人付出，而代理人收益同样是委托人的"成本"。非营利组织中也存在委托人和代理人利益冲突与信息不对称问题。良好的财务治理设计能够通过财权配置与制衡，使代理人得以最大限度地实现委托人意愿。非营利组织与营利部门相比，因组织性质与财务特征不同，委托代理关系也存在差异。而且，非营利组织种类繁多，不同类型的组织产权特征也不全然一致，其委托代理关系自然也彼此有别。我国社会团体和民办非企业单位，很多都出身自官办机构，产权关系也较为复杂，各自呈现出不同特点。此处无法穷尽每一种类型组织的特殊关系，主要以基金会这种重要的非营利组织为例来进行较为详细的说明。

基金会中，捐赠行为一旦发生，组织就有了"明确"的捐赠人、受赠人和受益人，他们分别享有捐赠财产委托权、受赠财产受托责任和受益财产受益权。于是，便形成了公益信托之上的捐赠人、受托人和受益人委托代理关系。资金提供者与受益者为委托人，资金管理者即分配者为代理人。而从广义上来说，出资者、国家、受益者、社会大众等都是委托人。在这种委托代理关系中，捐赠事实一旦成立，捐赠人产权就会同步转让，但是他们的意志可以通过捐赠契约形式得到延续。在失去所有权的同时，出资者拥有了监督经营者按照合约管理资金的监督权，但是他们并没有最终收益权，也没有类似于企业所有者的剩余控制权，他们对于资金运营收入没有索取权。资金产权转移至基金会之后，基金会作为受托人，对组织存续期间财产，拥有占有、管理及处分等权利，但是并没有受益权与全部控制权。基金会在使用该项财产时，需遵从捐赠人意愿和组织章程规定，不能按照管理者意愿随意处置资产，使用权受到限制。此时，资金受益权与监管权分离造成所有权缺位，资金最初的投入方、目前的经管方与未来的受益方都没有完整所有权，完全意义上的所有权在这里不存在，出现了所有者缺位现象。当资金产权随着真实使用事项的发生而转移至受益者时，真正的受益方便可最终确定下来。在此之前，资金受益方则可能是有可能受益的一些不特定人群，具有非确定性。因此，基金会委托代理关系中，存在着所有权缺位，所有权、管理权与受益权三权分离，受益者虚拟化特征，较之企业有很大不同，也更难以把握。

在其他类型非营利组织中，与基金会相比，委托代理关系存在诸多相似之处。只是有些组织是互益型的，尽管出资者与受益者所经手的资金主人可能并非为相同个体，但这些组织的出资者与受益者为同一群体。这类组织同样存在上述委托代理关系特征。

非营利组织特定的委托代理关系使其在进行财权配置与安排时呈现出许多异于企业之处。这种委托代理关系会导致组织资金使用缺乏产权激励、监督动力不足、激励约束力受限和监督成本较高等问题，从而引发更为突出的代理问题。企业中产权制度明晰，财产终极所有权人即为其剩余收益权人。然而，在非营利组织中，出资方基于公益或者互益目的，资金投入并未伴随财产终极所有权和控制权，也就不存在依附于财产所有权的剩余收益权。此时，缺位的所有者就缺少企业中私人所有权人的利益驱使动机，因此，虽具有一定监督权力，但出资人会出现动力不足情形。而且，即使有些出资者积极关注资金使用状况，他们也不能够采取类似于企业的发放经济绩效奖、进行股权激励、解聘等方式去鼓励和约束资金经管人员。同时，受益者由于处于资金链下游，在受益之前还具有一定的虚拟化特征，他们也很难发挥监督作用。另外，非营利组织所提供产品的特殊性也加剧了信息不对称现象。许多服务性产品产出和消费具有同步性，效果显现具有一定滞后性，再加之产品的无形性与评价标准的难量化性，使委托人很难对受托人提供的产品与服务做出客观而准确的评价，无疑降低了受托人的偷懒成本，代理成本增加。例如，在教育服务或者公益艺术展览中，提供服务的过程亦即产出的消费过程，而服务效果很多在当时是无法全面衡量的，知识日后转化为有形产品的时间不仅长而且不确定，此时即使是作为广义委托人的受益者本身，受到专业知识限制和考虑到自身感受能力差异，他们也未必能完全正确地评价受托人行为。因此，由于产权模糊与信息不对称等原因，非营利组织的委托人要对受托人有关行为做到了如指掌，并进行准确定量评价，使受托者尽可能按照委托人意愿进行作为，最大限度减少代理成本，就需要更多"外部支援"，在财务治理机制构建中，要求有强有力的外方监督体系来作为内容支撑。

6.1.3 非营利组织协同财务治理机制

6.1.3.1 非营利组织治理的协同性分析

结合产权理论和利益相关者理论对非营利组织进行治理已成为其管理发展的一个方向和趋势。"组织的治理已成为非营利组织能否有效运作的首要课题"，非营利组织治理是指"以设定长期方向并维持组织整合的机制"（Young D. R.，1993）。

就产权关系而言，由于非营利组织不存在"剩余索取权"和"剩余控制权"，产权存在一定特殊性，属于"公益产权"（王名，2002），治理基础比一般的公司治理更复杂（陈林和徐伟宣，2002），因此其治理过程也不同于营利部门。

就利益相关者来看，新制度经济学认为，组织（代表制度以及参与进来的人）是关系性合约的网络。非营利组织也是各利益相关者之间形成的系列合约的集合。这些合约包括各利益相关者之间和各利益相关者内部达成的协议。契约签订的一个前提是签约双方是平等的权利主体（Coase，2003）。

（1）非营利组织具有广泛的利益相关方。

非营利组织主要有两类利益相关者：一是为组织投入专用性要素的主体，包括创建者、出资方、管理者和其他职员、志愿者、受益方等，他们为内部治理的主要参与者；二是虽未进行专用性要素投入，但其行为构成各种环境要素或者能够对专用要素主体产生影响的主体，包括资金来源地政府与组织所在地政府、民间评估机构、媒体、社会公众、同业组织、竞争者等，它们是外部治理的主要参与者。各主体提供的要素具有不可或缺性，完成的职能也不同，它们的地位是平等的，缺少其中任何一方组织的运作链条都会断裂。然而，由于非营利组织的特殊性，其中的管理者和员工相对长期存在于组织内，而其他利益相关者则存在于组织之外，故他们具有较之于其他相关者的信息优势。就管理者和员工而言，他们相互之间又具有各自的优势信息（李霞，2011）。利益差异与信息不对称要求对各利益方行为进行协同，实行协同治理。

（2）非营利组织治理具有明确的目标。

一是完善的组织制度与规范的组织结构，这是非营利组织高效治理的前提。目前非营利组织行为规范主要集中于各种登记管理条例、财务会计规则与组织章程中，与现实的组织实践对规范体系的要求有很大差距。完备的非营利组织管理规范体系作为组织规范行为的标准是非营利组织治理的基础目标。同时，科学合理地设置组织结构，能够有效减少内部人控制现象，提高治理效率。二是健康可持续的组织运作方式。通过治理，组织内外交流更为顺畅，内部资源得以合理有效配置，多方利益相关者权责基本对等，利益相互制衡，组织呈现健康可持续发展态势。三是灵活高效的项目管理模式。组织治理在项目建设方面的目标体现为正确的工作理念、先进的工作方法、完善的工作程序、改善的人力资源管理和高效的项目资金管理，它们是各项使命项目顺利实施并吸引新项目的保证。

（3）不同主体资源具有匹配性与协作有效性。

非营利组织中，不同利益方提供的要素不同，各种资源之间具有较好匹配性，任何一方的缺位都将导致组织使命无法顺利完成。不同主体提供的物质要素、决策要素、执行要素、环境要素等相互补充，相互作用，形成井然有序的治理结构，使整体治理功能放大，治理效果大于各要素简单汇总之和。匹配性能够提高自组织能力，通过有效协作，形成系统有序结构的内部作用力，通过组织自我协调，挖掘内部智慧与潜力，以实现最大程度的协作效率。

（4）不同主体通过动态调整实现管理有序性。

治理语境下，由于组织边界和权责关系模糊，主体间合作的不确定性与合作性增强。为了保证动态情境下组织目标的实现，非营利组织各主体能够采取各种灵活的方式不断进行自我调整，以实现主体间关系的有序性，从而避免重复建设和资源内耗。例如，对某项灾害资金的使用，可由某大型或权威性较高的组织或者各组织联合建立一个公共平台，专门负责信息公布与交换，或专门负责资金调配，以减少物资由于信息不畅或者重复建设引致的浪费。物质要素提供者也在动态环境下不断调整自己，慈善达人曹德旺就开出了中国慈善问责第一单，以保证资金使用效率，实现项目资金管理的有序性。不同主体行为的动态调整突破原有的非平衡态，达到一个又一个新的平衡态，实现了新的稳定状态。

6.1.3.2 非营利组织协同财务治理框架

目前尽管"治理"一词已经被广泛应用于社会公共管理领域，但随着社会生活的多样化及研究的深入和细化，其基本含义至今仍是仁者见仁，智者见智。治理理论的创始人之一美国学者詹姆斯·N. 罗西瑙（James N. Rosenau）在其代表作《没有政府的治理》中把"治理"界定为："一系列活动领域的管理机制，它们虽未得到正式授权，却能发挥作用。治理，不等同于统治，指一种由共同目标支持的活动，这些活动的主体不一定是政府，也并不完全靠国家的强制力来实现治理的目标"（李莉和刘晓燕，2012）。陈振明（2003）指出："治理就是对合作网络的管理，又可称为网络管理或网络治理，指的是为了实现与增进公共利益，政府部门和非政府部门（私营部门、第三部门或公民个人）等众多公共行动主体彼此合作，在相互依存的环境中分享公共权力，共同管理公共事务的过程。"治理强调的是共同目标下实施的管理行为。

20 世纪 90 年代初，传统公共行政范式日趋式微，公共管理学界开始关注现代公共服务管理中的"协同效应"，学者们将"协同"与"治理"相结合，协同治理思想逐渐兴起。这一产生于公共管理领域的协同治理理论，是人类迄今为止发明的所有管理共同利益的机制的统称（李冬，2012）。1995年全球治理委员会给协同治理下了明晰的定义："协同治理覆盖个人和公共及私人机构管理他们共同事务的全部行动，这是一个有连续性的过程，在这个过程中，各种矛盾的利益和由此产生的冲突得到调和，并产生合作。这一过程既建立在现有的机构和具法律约束力的体制之上，也离不开非正式的协商与和解。"协同治理的内涵包括匹配性、一致性、动态性、有序性和有效性（李辉和任晓春，2010）。它强调不同的合作主体在共同目标的驱使下，合理配置资源，能够依据合作中的不确定性和随机性进行动态性回应，通过协作达到主体间关系的有序，来实现治理的有效性。

协同财务治理是组织治理中财务治理的一种模式，它不以某一类利益相关者利益为中心，不属于单边治理，强调共同治理与协同作用。非营利组织协同财务治理是一种共同财务目标下内部财务治理与外部财务治理协同的机制，它通过组织结构和制度安排，规定了主要利益相关者的权责利，使他们相互制约又互相促进，以实现公平效率的合理统一，完成组织公共受托责任，维护公共利益。非营利组织协同财务治理是一种动态治理机制，当利益相关者利益诉求发生变化时，组织所采取的监督激励制度也会随之调整。非营利组织协同财务治理框架如图 6.1 所示。

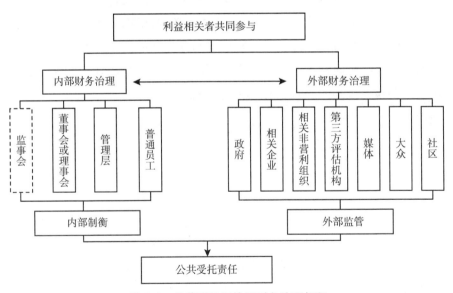

图 6.1　非营利组织协同财务治理框架

非营利组织协同财务治理中，一般而言，参与治理的利益相关方都是为了共同的财务目标而行为，为了组织公共受托责任的完成而努力。然而，并非所有利益相关者都涵盖其中。其中，有一类受组织行为影响及对组织行为产生影响的相关者，他们作为组织对立方或竞争方，不希望与组织共生共长，也不希望组织长远发展，此处称其为"非善意相关人"。当然，并非所有竞争者都是非善意的，很多同业者既是竞争者，又是合作者，他们希望能够与组织相互交流，共同进步。例如，我国许多非营利环保组织与特殊教育机构，对于同一领域的竞争者就不排斥，而是希望相互学习，实现共赢（吴登明，2013）。从非营利组织自身而言，非善意相关人的目标与组织并不相符，不能作为协同财务治理参与方，但组织在进行决策时也需将其作为考虑因素。

非营利组织的非营利性要求在财务治理架构设计中遵循"非牟利控制"原则，在决策、执行与监督各环节需要设计出避免有关人员利用"额外"收益作为激励方式的管理规则，经济激励只可在法规及章程范围内限制于一隅之地，应建立有效规避过高回报的自我控制机制。因此，在财务治理结构设计上，不能依赖利益驱动机制，一味借助经济报酬对组织内部成员进行激励，而应综合多种方式，尤其是非物质奖励方式来鼓励相关人员积极行动。

非营利组织协同财务治理的最终目的是完成公共受托责任，内部财务治理主要强调组织内相互制衡，外部财务治理则以监管为主，内外互通信息，相互促进。

6.1.3.3　内部财务治理

（1）制衡与激励。

在非营利组织内部治理结构中，主要涉及董事会或者理事会、管理高层和普通员工三方行为主体，包含两层委托代理关系。在三方主体中，董事会或者理事会是决策层，是内部治理的核心利益相关者，负责包括财务领域在内的战略规划、项目评估、任务分配等重大事项决策，他们还有管理层人员任命、解聘和监管等人事权力。董事会成员将执行安排权交给高层管理人员完成，按照已确立的授权规则配置给管理者行使，他们委托高层管理者按照自己的决策安排行动，组织项目实施。包括财务管理负责人员在内的管理者作为代理人，完成委托人布置的任务。同时，他们又把具体项目的执行委托给带薪或不带薪员工进行具体操作，形成第二层委托代理关系。

在这种三方两层的委托代理关系中，一般而言，董事会承担着连接外部职能，他们是与出资人进行沟通的桥梁，作为代理人完成委托人出资者交代的使命。通常筹集资金也是董事会的重要职责，对规模较小的非营利组织而言尤其如此。同时，他们还要尽量控制组织成本（韦恩，2001）。对于连接外部的委托代理关系的代理方董事会或理事会，怎样设计财务契约，减少或规避他们作为信息优势方的机会主义行为，达到更高程度的公平与效率效果，是非营利组织的财务治理主题（于国旺，2007）。有些组织的董事会成员源于出资人推荐，有些源于独立第三方。如美国社区基金会的董事会就产生于社区，他们的公益活动也集中于当地社区。

在有些非营利组织中，还设有监事会。在我国，很多基金会的监事由出资者代表与业务主管单位或登记管理机关来选派，且监事不得从基金会取得报酬。他们负责监督理事会遵守法规和章程的情况，检查基金会财务与会计资料等。此时，就强化了组织内部财务监督与控制。

与企业相比，剩余要求权缺失和财务契约不完备使非营利组织董事会受到出资人控制的程度较弱。但是非营利组织的控制权仍然是一种有价值的稀缺资源。虽然许多非营利组织理事会成员都不领薪或者只是象征性领取少量报酬，还有些基金会在章程中明确限定领薪基金会成员比重，以及对不承担专职工作的理事不得发放报酬，但拥有控制权的一方所获取的利益并不会全部直接显现于个人收入中，事实上还有诸多隐性好处，他们的机会主义行为动机也并未消除。非营利组织和企业出资人与董事会之间的委托代理关系亦有相似相通之处。非营利组织相对企业而言，相当于所有人控制权不断被稀释的另一个极端。当所有人的控制权稀释到一定程度时，两种组织间的差别就逐渐消失了（Henry Hansmann，2011）。因此，财务控制权分配与制衡也是非营利组织财务治理的关键问题，且遵循一定的经济逻辑。可以借鉴企业处理董事会信息优势问题的有关理念来监督董事会行为。

如前所述，一些先天原因导致非营利组织董事会或理事会对管理层约束力不足，其中很多成员对组织的参与属于志愿性行为，而不是经济利益直接驱动。作为"虚拟"代理人，往往缺乏监督决策执行的动力，他们对管理层的监控力一般弱于企业（张立民和李晗，2012）。因而，在对其权力进行制衡的同时，也需进行一定激励。充分关注董事会成员需求，剖析他们的非经济驱动因素，给予其综合奖励，如声誉奖励和命名权奖励等。

高层管理者作为内部财务治理中承上启下的中间人，兼有代理人和委托人双重身份。他们在同董事会及下属员工之间的博弈过程中寻求自身利益，受到上一级监督又监督着下一级工作，是非营利组织项目能否顺利开展的重要关系人。管理层负责财务资金调度事务，统筹安排资金使用。普通员工作为财务资金主要经手人依据上一级指示具体负责资金接受使用等工作。无论高层管理者还是普通员工，无论是依靠非营利组织薪资来生存的经济利益谋求为主的人员，还是以寻求非经济利益为主的相关者，都应按照工作业绩获得不同形式的各种相应鼓励。

在非营利组织内部财务治理中，三方信息优势排序是自下而上的。实际执行人员掌握的信息最多，管理层其次，董事会最少。需要建立良好的信息沟通机制来促进交流与沟通。非营利组织一般为扁平式结构，信息传递成本相对较低，财务信息也相对企业较为简单，这为信息流动提供了诸多便利。良好的交流能够使各方更好地服务于组织财务目标。

（2）自我监督与约束。

组织外部监管者存在信息劣势，远不及自我监督来得方便迅捷。高效组织需要构建一个外部监督和内部监督相结合的全面监督体系。借助于这样的监督体系才能使非营利组织在经营管理和财务运作方面真正实现高效，减少信息壁垒所带来的灰色地带，使组织运行状况可以置于阳光之下，获得公众信任。

自律惩戒是非营利组织自我监督的一个重要方面。它可以通过组织结构设置与规章制定两方面来进行。组织机构设置需符合岗位分离原则，切实做到岗位不相容，使得各个岗位能够达到相互制约的效果。合理的组织规章能够减少组织内部人控制，为组织自律提供硬性约束。

目前，我国香港社会组织自律惩戒十分完善，走在了世界前列。香港没有法律条文规定慈善机构须提交周年报告或账目以汇报其财政事务。香港税务局只会在检查某一机构豁免资格时，才要求该机构提交账目、年报或其他文件，以确保该机构仍属慈善性质以及其活动与宗旨相符，但根据现行法律，不能强制查阅慈善机构账目。因而，为了取信于社会，香港非营利组织具有强大的自律惩戒体系。

（3）内部制约与控制。

依据前面的分析，非营利组织中出资者对资金没有完全所有权。完全所有权包括实际中使用有形物品的权利、获取收入的权利、包括转让在内的管理权。出资者委托代理人对其资金进行管理和使用，但他们却没有收益权，缺乏剩余索取权和剩余控制权。这在一定意义上减少了他们对资金使用的关心度。而且，这一关心要求获得的信息需支付的交易费用比较昂贵，从而容易导致所有者监督的缺失。当出资者的资金流入非营利组织后，他们对资金的有关信息就掌握得很少了。另外，作为资金使用的代理人，组织管理者和员工拥有掌握信息的绝对优势。作为有限理性的经济人，组织内部人员势必会做出一些有违出资者意愿的行为，即"道德风险"行为。而组织（自助型组织除外）的受益者分散且多变，他们对组织资金使用情况的关心成本更大，掌握的信息相对更少。

不完全的所有权关系在一定意义上"纵容"了这些组织的实际管理人和执行人的机会主义行为。其他利益相关人应合理地设计"约束＋激励"的控制方式，去引导内部人的行为，使他们发生机会主义行为的可能性较少或者可以预期。这种控制方式发挥作用的机理是：首先应该让内部人的努力和贡献获得"满意"的报酬，包括物质层面和精神层面的报酬。但人的欲望是不断膨胀的，"满意度"也会因此而"无限制的升级"，他们还会想方设法去获得报酬之外的收入。因此还必须有另外的设计才能达到控制的目的，这就是从内部控制制度和程序等方面去禁止机会主义行为，以及一旦发现"越轨行为"的惩罚性措施，使其能够在得失之间进行理智的权衡，引导他们放弃"非分之想"，稳定地获得"满意"的报酬（阎达五，2000）。而且，出资人和受益人的监督成本过大也使得非营利组织的内部控制显得尤为必要。

非营利组织内部控制应该达到以下目标：①财务报告可靠；②组织高效顺利运行；③符合法律和法规；④保证组织的非营利性。能实现这些目标的内控方为有效内控。几乎所有内部控制失败的原因都能归入以下两点：①内部控制机制有漏洞；②存在制度而不执行。"漏洞"属于内部控制制度建设方面的问题，即使理论很完美的一项制度在实际中也不例外——制度的先天不足（包括内部控制制度）；"不执行"属于人的问题，人是有思想且能动的，当制度控制的作用失灵时，可以考虑非制度方式，如行为、道德、价值观念、文化等因素。这两者必须有机地结合在一起、不能孤立，需要将二者统一于某一内部控制长效机制下（李永峰，2008）。

内控环境作为内控的一个基本要素，是内部控制的基础，直接关系到内部控制整体有效性的发挥。基础如果存在重大缺陷，其他要素即使构建得再完美，也只能是事倍功半。特定的控制环境造就特定的内控制度，即有了良好的内部控制环境，才能有完善的内部控制制度。因此，非营利组织内部控制建设的环境非常重要，它包括相关规章制度的建设、人事政策、组织决策机制和治理机制、与政府的关系等。组织内的人文环境直接影响到组织成员的行为，组织文化、员工道德水平、员工诚信度等在一定程度上决定了内控的实施效果。

企业内控相对非营利组织而言发展较为完善，非营利组织内控在诸多方面皆可借鉴企业经验。企业也越来越重视内部文化和员工素质在内控运用中的重要性。《中国注册会计师审计准则第 1211 号——了解被审计单位及其环境并评估重大错报风险》第六十七条指出："在评价控制环境的设计和实施情况时，注册会计师应当了解管理层在治理层的监督下，是否营造并保持了诚实守信和合乎道德的文化，以及是否建立了防止或发现并纠正舞弊和错误的恰当控制。"企业内部控制的逻辑起点应当是"修己安人"，"修己"就是自我管理。只有管理层建立了共同伦理道德规范，员工信仰明确，内部控制才更有实效。一套健全的内部控制制度的失效，多数情况是由于企业管理层控制的随意性——不执行或破坏内部控制程序，导致了内部控制形同虚设。而非营利组织的公益性则对员工个人道德水平提出了更高的要求。在员工道德水平低下的情况下，组织内部控制的一系列方法、措施和程序等制度安排都可能流于形式，无法得到有效执行。

员工通过道德来约束自己的行为虽然对非营利组织内控实施的效果具有显著作用，但它属于自律性行为，是一种"软"约束，不具有强制性，容易受到外界各种诱惑的不利影响。而且，组织中的道德风险行为还比较难于监督。因此，建立一套切实可行的员工行为规范对于约束组织成员的不道德行为，降低组织的监督成本，减少道德风险行为具有非常重要的作用。

在非营利组织中，《员工行为规范》（code of conduct，COC）是组织控制环境中指导员工按照职业操守行使权力、开展业务的纲领。具体而言，员工行为规范是基于员工行为规范视角和诚信道德观的组织治理文件，它应该反映组织的核心价值观，并为员工做出合理业务决策提供指导。员工行为规范必须合理地制定以阻止错误/违规/舞弊行为的发生。它应该告诉所有员工什么是可以做的、什么不能做，是反映组织高层营造的文化和反映组织是否建立了防止或发现并纠正舞弊和错误的恰当控制的政策文件。它源自企业内部控制理论。早在 1987 年特雷德韦委员会的研究报告就建议所有的企业都建立并实施员工行为规范。现将其用于非营利组织，作为将软性因素"硬化"的方式同样有效。有了它，员工在面对许多原本能够"灵活"操作的可选择行为时就有了一定的依据，从而大幅减少了组织的潜在风险，很好地规范了员工行为，进一步完善了组织的内部控制环境。

诚然，影响非营利组织员工道德行为的因素有很多，其行为规范只能在一定程度上限制与约束员工行为，因为它不可能穷尽组织所有可能发生的情况以及员工将会面临的所有选择。对员工道德行为的规范还有赖于其他方面，如组织良性文化的引导等。应从多方入手，多管齐下来进一步规范组织员工行为，创造更好的内部控制环境，使组织内控实施更加有效。

6.1.3.4 外部财务治理

捐赠方、受赠者、管理部门等非营利组织外部善意利益相关者对组织的财务责任与从组织获取的利益各不相同，但他们的财务权力都表现为以监督为主。另外，政府作为行政单位，相关部门还具有一定立法权与管理权，如民政部门拥有对组织的管理权。非营利组织外部财务监督主要体现在组织有关工作的评估、披露与惩戒上，不同利益关系人主要关注点可能有所差异，但总体而言，他们会对组织资金使用状况、提供的产品与服务质量以及管理效率等内容进行监督。其中，政府与媒体是监督实施主体。

（1）政府评估与惩戒。

很多国家都设置专门的非营利组织管理机构对组织进行监督，且政府监督分布在不同层次，涉及多元化主体。非营利组织不仅要接受登记部门即民政部门管理，还要接受来自主管单位、审计部门，以及财政部门的监管。政府是非营利组织财务监督重要的主体。

在我国，政府对非营利组织的评估与惩戒采用多种方式进行。《社会组织评估管理办法》规定各级民政部门依法对社会组织实施监督管理职责，应依照规范的方法和程序，对社会组织进行科学评估，根据评估结果进行分级管理。社会组织评估结果分为 5 个等级，级别高的组织在开展活动时可以优先获得政府资源，如获得购买服务、获得政府奖励等。他们在对外宣传时，也可将评估等级证书作为信誉证明出示。

对违规运行组织，通过法规形式进行惩戒。对违背显性契约者，惩戒对象分别为契约被执行人个人行为、社会组织信贷行为和社会组织业务行为。若是组织相关领导人员、财务人员或者其他人员为了自身利益从事不利于组织的显性及隐性行为，应视情节严重程度对个人以相应惩戒；若涉及组织信贷和组织业务，则不仅要对有关负责人进行惩戒，还需限制其后续同类业务，以免相同错误继续发生。对违背隐性契约者，通过限制组织资金、限制组织业务范围、减少组织业务开展机会等方式进行惩戒，同时对诚实守信高效运作组织进行相应奖励。《基金会管理条例》对基金会行为作了失信惩罚规定。《民办非企业单位登记管理暂行条例》和《社会团体登记管理条例》中都分别有 6 条罚则，对组织不遵守契约的行为进行惩罚。

（2）媒体评估与惩戒。

非营利组织公益产权的公益型及不完全所有权形式要求向社会承担一定的公共责任，但大部分出资人作为核心利益相关者往往属于弱势群体，他们各自分别对资金使用状况进行监督的成本相对较高。社会大众和潜在出资者则缺乏监督动力。媒体有其自身宣传优势，恰恰较好充当了这一责任的监督主体角色。现实中媒体对于非营利组织失信行为的曝光着实推动了组织自律，推进了组织科学管理与前进步伐，例如，新世纪慈善基金会领导的巨额投资诈骗案、美国联合之路主席的贪腐案、全国有色人种促进会领导的不当资金使用等事件处理中均离不开媒体的促进作用。媒体监督在西方被称为"第四方权力"。

媒体监督在信息获取和信息处理等方面均有其他监督主体不可比拟的优点。各类媒体具有不同的受众，他们通过报刊、广播、电视、网络等大众媒体为非营利组织做宣传立形象，也对各种违法犯罪、渎职腐败等行为进行揭露、报道、批评或者抨击，信息传播具有速度快、范围广、影响大等特点。微信、微博等的广泛流行促使更多普通大众的声音能够迅速蔓延，使人们更好参与到监督中来。非营利组织许多新的筹款方式都离不开媒体宣传，如众筹、体验式筹款、运动筹款等，这些方式在为非营利组织筹集到更多资金的同时，也对组织起到了有力监督作用。

（3）评估监督内容。

①资金使用问题。在非营利组织财务运作的现存问题中，资金不当使用首当其冲。无论国外还是国内，非营利组织领导人的贪腐、权钱交易、组织资金被挪用、被私吞等都是引发组织危机的焦点问题。资金使用不当也是事关非营利组织组织信誉的最为敏感的因素。

非营利组织财务资金问题主要体现在未按照法规、组织章程要求使用，未按照出资人用途要求与风险要求使用，未按照出资人效率要求使用，利用组织身份骗取慈善资金及国家税收，未按照规定要求披露财务信息等。依据《基金会管理条例》，基金会应当在章程宗旨和公益活动范围内组织募捐和接受捐赠。公募基金会组织募捐时，应向社会公布资金的计划用途及详细使用计划。基金会资产和所获收入均是受法律保护的，任何个人和单位都不能挪用、私分和侵占。基金会使用财产时也应依章程规定进行，不得超出公益活动范围。若是在捐赠之时，就已经明确规定了资金用途，那么就应当严格按照捐赠协议用途使用。对开展的公益资助项目，基金会应及时对外公布项目申请、审批、运行等相关信息。而实践当中，仍存在非营利组织公益资金流失、挪用和侵占现象，严重损害了组织信誉。还有一些组织，与企业勾结，借为组织捐赠之名，假报账目，骗取国家税收减免。这些事件的曝光使组织公信力极速下滑。

②产品质量问题。产品质量是企业的生命线，同样，也是非营利组织取

得社会信任得以持续发展的关键。非营利组织的产品有自身特殊性，许多为准公共产品，也有很多是服务等无形商品。如前所述，这些产品并不以实物形式出现，准确评价其质量比较困难。例如，为养老院老年人提供的服务，质量好坏只有被服务对象才能切身体会到，他人很难予以评判，更别说准确量化了。某项服务过程结束后，该项产品也随之消失，其他人鲜有对服务质量仔细斟酌的时机，若想对不同主体进行的同类服务进行比较就更加困难。非营利组织产品特殊性及产品质量评价的复杂性不利于组织产品质量提升。然而，产品另一端却直接连接着组织一个核心利益相关方——客户。组织提供的产品质量若是不高，会使顾客对其越来越不信任，严重影响组织信誉和未来发展，结果可能会导致资金转移与客户转移。对于互益型组织，出资人往往即是服务对象，低质量产品可能会使组织成员退出组织而转向同类型同行业其他组织以寻求更佳服务。对于公益型组织而言，无论公募还是非公募，多数出资者尤其是大额出资者在向组织投放资金前，都会对组织的绩效及财务状况等进行评估。此时，由低质产品给组织带来的负面影响就会导致各种筹资问题，原本可以筹得的资金很容易转向具有竞争关系的同业其他非营利组织或者营利性组织中。

③财务管理效率问题。低效财务管理是一种相对而言易被忽视的失信于各利益相关者的行为，因为组织各利益相关者对于财务管理效率的要求不便也很少有通过明确契约条款来约定的。非营利组织财务管理效率通常属于关系型契约范畴。作为一种不成文的隐性约定，实现高效财务管理、提升财务管理效率是几乎所有利益相关者及潜在利益相关者的要求，是组织能够长期取信于各利益相关者的根本。"你若盛开，蝴蝶自来"。从长远来看，只有提高财务管理水平，提升组织能力，维持组织可持续发展，才能获取更多利益相关者信任，吸引更多资金到组织中来。而现实中，非营利组织财务管理中仍存在诸多问题，需要多方共同监管，切实提升财务管理水平。

6.1.3.5 公共受托责任

（1）公共受托责任是非营利组织应承担的社会责任。

非营利组织财务治理的最终目标是完成组织公共受托责任。非营利组织作为独立的第三部门，承担的社会责任为公共受托责任。从发生学意义来看，公共性是非营利组织的本质属性，涵盖了目标的公益性、资源享有的公共性和管理对象广泛性等内容。公共性倾向于公平、正义、公益以及公共精神、公共责任（张振颖，2008）。非营利组织产权为公益产权，资金来源具有社会化特征，产品与服务具有公益化特征。创立之初，组织资源源于创始人、捐赠者和政府。这些资源往往享有税收豁免或优惠，属于社会收入再次分配，组织后续营利性业务收入也是这些资本获得的收益。组织资金来源和运作成本依赖于社会财富的三次分配，也受益于二次分配税收调节，其资源享有公共性。而且，非营利组织的使命即是服务社会，带有公益性。"公共"是非营利组织资产财产权主体和受益权主体，虽然财产权和受益权从个体而言并不一定直接相同。因而，公共受托责任是非营利组织所需承担的社会责任，其中，公共受托财务责任是最基本、最重要的一种，是组织在让渡财产权和管理公益资金基础上所形成的对广义利益相关者的受托责任。在非营利组织中，公益性非会员制组织较之于互益性会员制组织而言公共受托责任更为突出。

非营利组织公共受托责任是包含利益相关者责任、行业责任和社会公益责任在内的复合性社会责任（李莉和舒菲，2013）。它们既有源于法规、组织章程和社会大众的客观责任，也有表现为个人世界观、价值观、激情和职业道德的主观责任（张洪武，2008）。非营利组织公共受托责任已然不再是传统的以监督和控制为核心的技术性公共责任模式，它克服了传统模式缺乏独立性和自主性，易导致形式主义，扼杀组织创意、弹性和动机的弊端，是一种含积极责任与消极责任于一体的复合性责任，能够使组织真正履行公益责任，从而实现公共效益最大化。公共受托责任的履行，既要采取积极措施，回应公众需求，维护公众利益，又要接受相应监督，对组织消极作为承担否定性后果，接受惩戒，及时纠正与整改。

（2）非营利组织公共受托责任的评价。

非营利组织公共受托责任衡量具有一定复杂性和难度，它的完成意味着组织遵章守纪，具有良好的财务绩效，财务风险水平适当并可控，社会信誉较高，能够实现可持续发展。我国非营利组织具有不同程度的财务风险，这在本书后面的内容将进一步论述。

良好信誉是非营利组织生命线，是组织可持续发展的护身符。罗契斯特（Rochester，1995）认为社会组织公信力不足包括效率低下、效果较差、私人占用公共资源等，并提出组织责信度包括财务责信、程序与规则责信、适当优先级、工作品质与成效责信四个方面。韦尔（Ware，1989）提出了八项社会组织公信度目标，包含保障捐助者利益、确保服务提供、保障政府资助达成和效益、维护公平竞争环境、保障组织工作利益、保障同社会组织竞争的私营机构利益、保护服务对象利益、保障政府部门不受社会组织过度政治影响。库珀（Cooper，2001）认为，要实现公共组织责任，维护其公信力，应从人员和组织两个层面加强伦理建设。维持公共组织的责任行为需通过加强内部控制和外部控制、整合组织结构以实现规范。我国学者对非营利组织信誉评估的研究成果集中体现在信誉影响因素、信誉低下成因和提高信誉措施等方面。通常认为，导致非营利组织信誉度降低的重要原因是组织效率低下、能力建设不完善、机构自律不够等。而非营利组织信誉的影响因素主要有政府的支持、组织的财务管理水平、组织能力及信守承诺状况、组织知名度和信息透明度等。为提高组织公信力，需提高组织信息透明度，规范组织治理结构与组织制度，加强政府、民间独立评估机构、社会大众和舆论对组织的监督，完善相关法律法规等（吴珊，2010；廖鸿和张强，2011）。2003 年非营利组织信息咨询中心发起制定了包括 10 条 24 款的中国社会组织公信力标准，为组织公信力评估提供了一个完整框架，但其内容主要是定性描述，缺少定性指标的进一步指标化和定量化。

非营利组织财务绩效的量化评价没有统一标准和指标。学者们分别使用不同方法从不同维度对组织财务绩效进行了评价。丁云青（2014）认为利益相关者视角下非营利组织财务绩效可以从财务效益、财务能力和财务效率三方面进行评价，并设置了相应的筹资能力、运营能力和发展能力指标。朱宇（2009）采用模糊综合评价方法，分别从目标层、准则层和指标层就筹资能力、非营利性和发展能力等维度，构建了非营利组织财务绩效评价指标体系。颜克高和陈晓春（2011）采用因子分析法分析得出，我国非营利组织财务绩效的主要影响因素是筹资能力和资金效率。戴红霞（2014）认为，非营利组织财务绩效评价应采用定性与定量集成，模糊评价法、神经网络法和层次分析法集成的综合方法。对非营利组织财务绩效，应该结合组织发展历史、规模、所处环境等因素进行综合分析，因时因地因不同组织而异，尽量做到客观合理。

（3）避免出现责任失灵。

非营利组织利益相关者多样化导致责任对象多元化，因此，组织所承担的公共责任更为凸显，但同时也容易导致组织责任多重性和模糊性，出现谁都该负责而谁都不负责的局面。此时，非营利组织公共受托责任可能会"责任失灵"。

另外，非营利组织各利益相关者利益会出现不一致情形，存在矛盾性。而且，公众对组织的期望往往包括模糊的绩效标准，其解释带有主观性。当矛盾出现时，若是组织试图满足每一个利益关系人并取悦他，就可能出现组织功能紊乱，未能取悦任何一方的结局取代了对每一种责任形式负责的美好初衷。当评价标准模糊时，对受托责任是否履行的判断也就具有了不确定性。

因而，必须将非营利组织协同财务治理坐实，使内外部财务治理相互协同，实现财务监管里里外外齐心协力，出现利益矛盾并难以抉择时，以战略眼光看问题，着眼于组织长远利益和整体利益，从大局出发，方能从根本上保障各方权益，切实避免责任失灵情形出现。

6.2　非营利组织财务风险管理——基于财务公平的安全预期考量

非营利组织财务公平不仅要求实现经济利益相对公平，还要实现财权公平。如前所述，协同财务治理为财权与利益的制衡提供了有效途径，是公平财务管理的基础。财务风险是公平财务管理的重要内容，也是利益相关者财务权利公平中知情权的重要组成部分。善意利益相关者都希望非营利组织能够在财务安全的语境下平稳发展。财务公平视域下，基于安全预期考量，各方均对非营利组织财务风险问题极为关注。因此，是否存在财务风险，财务风险大小如何，财务风险从何处来等都是非营利组织财务公平要求关注的重要内容。

事实上，非营利组织也时时面临各种风险，如财产风险、收入风险、债务风险、人的风险、声誉和使命风险、管理志愿者风险、治理和信用风险、弱势群体服务相关风险、协作风险、筹资风险等（Hermann et al.，2004）。这些风险皆与财务风险直接或者间接相关。

非营利组织管理活动，包括人力资源管理、慈善项目管理、日常工作管理等都离不开资金运动。组织资金在运动过程中也存在诸多不确定因素，引发各种财务风险。非营利组织资金运动过程的起点是资金筹集，组织可通过募捐、获取政府补助、收取服务费用、借债等多种方式取得开展业务活动及维持日常运作所需资财。之后组织可将资金用于日常管理工作、慈善公益项目活动、对外证券投资等。受益对象是组织资财最后享有者。在非营利组织资金的这一运动过程中，资财所有权人不断发生变化，从组织内外出资者到组织内部管理人员再到组织内外部受益者，在资金运动的不同环节都分别是所有权人。这种与企业迥然不同的财务活动及隐藏于其后的财务关系特点使得非营利组织由财务活动不确定性带来的财务风险也迥异于企业。这些差异主要表现为这种风险不是为出资者带来收益的不确定性。当然就由于借债不当而引发的还本付息偿债风险而言，两者存在一定相似之处。

实践表明，非营利组织被曝光的负面新闻多与其财务风险相关。财务风险的存在是对组织健康发展的严重威胁。组织财务公平的实现要求对财务风险进行客观评价与考量，并找出风险成因，对其加以防范。

6.2.1 非营利组织财务风险管理是财务公平实现的必然要求

非营利组织财务公平的实现要求其具备可持续发展能力和具有良好信誉，唯此方能满足各利益相关者对组织未来安全性的预期。非营利组织只有对内提升财务管理水平，增强自身能力，对外树立美好形象，筑建优质声誉，方可真正实现财务公平。而财务风险考量则是组织可持续发展与优良信誉建立的内在需求和必要条件。

6.2.1.1　财务公平的可持续发展预期要求充分考量财务风险

非营利组织财务公平要求在一定范围内公平权衡各方利益相关者利益，其中既包括各项规定、条例、章程约定的显性契约规定的利益，也包括各方约定俗成而未跃然纸上的隐性契约所约定的利益。这些隐性契约虽未以书面形式明确标示，但却被各方默许与认可。组织健康持续发展是其他一切利益存续可能性的现实基础，是被利益相关者们共同接受的潜在约定。

非营利组织的可持续发展要求组织进行科学的战略管理和财务管理。有效的非营利组织财务风险管理是其战略管理与财务管理的根本。其一在于组织希望通过风险管理来保护自己，避免灾难，实现使命；其二是因为他们发现能够完成任务的可选方法都包含风险因素。因而，非营利组织必须采用战略风险管理方法来寻求最恰当的风险与收益组合，否则他们就会过于保守而遭受损失或者为较低回报承受过度风险（Young，2009）。

然而，现实中，财务风险却由于一些组织先天特性与缺陷容易被忽视。非营利组织特殊性质及三权分离特征与相应的治理结构、剩余索取权与剩余控制权的缺位，使其管理者不必担心被收购的危险，他们更倾向于忽视风险因素而去做自己感兴趣之事（Dyl et al.，1996）。组织所累积的资金更易被用于满足管理者偏好的事务中（Chang and Tuckman，1990）。组织管理层不会像营利组织那样迫于外部被并购压力而尽量规避其财务风险，从而避免遭遇被兼并后果（Fama and Jensen，1983）。因此，对非营利组织财务风险的关注就显得尤为迫切与重要。

6.2.1.2　财务公平的良好信誉预期要求充分考量财务风险

信誉是非营利组织不计入财务报表资产项目的重要无形资产，组织的依赖者及影响者等利益相关者对组织充分信任是组织财务公平实现的保障条件之一。信誉对于组织资金来源和项目开展等事项的意义皆非比寻常。捐赠者必定不会将资金捐给那些自己不信任的或者让自己感到不舒服的非营利组织。而现实表明，财务风险是非营利组织信誉强大的摧毁性武器。

2011 年的郭美美炫富事件，对中国红十字会乃至整个慈善组织界皆产生了深远影响。这种影响持续时间长、范围广，不仅仅体现在中国红十字会后续年份捐款数额下降，更表现为公众心中的慈善组织乃至社会整体公信力的下降，对非营利性慈善组织带来了巨大的有形与无形伤害。组织信誉度的极速下滑比之接受捐赠金额的缩水更为严重。之后媒体又报道了红十字会"天价餐饮费"、卢美美事件、河南宋庆龄基金会"灰色慈善"等多个非营利组织负面新闻，对组织信誉危机可谓雪上加霜。这些事件之所以打击面较大，其中一个关键因素是它们都涉及一个广为公众所关注的敏感词语"财务"，尤其是当它与"慈善"相联系时，往往更易触动人们的神经。

近年来，媒体披露的这些非营利组织负面消息，多与组织"资金"或"财务"相关。非营利组织财务方面存在的各种违规行为与不规范行为以及财务管理方面存在的种种漏洞是利益相关者们尤为关心的焦点，直接影响人们对非营利组织信誉的态度。而这种财务事件的核心正是财务风险问题。只有对财务风险进行客观评价，才能引导现实与潜在的利益相关方理性对待组织；只有对财务风险进行有力防控，才能建立良好信誉。

6.2.2 非营利组织财务风险现状评价

目前国际上关于非营利组织财务风险的研究主要着眼于如何使风险最小化。对非营利组织财务风险的评价，有少数学者做了一些类似组织风险的组织财务脆弱性研究（Chang and Tuchman，1991；Greenlee and Trussel，2000；Trussel，2002；Rob and Richard，2013；Ettie et al.，2014）。在我国，学者们对非营利组织财务风险的研究主要集中于种类、成因、对策（杨红等，2004；绳娜，2010；贺峰，2011；苗梅香，2015）等诸方面。一般认为，非营利组织财务风险可依据资金流转过程分为筹资、投资和支出风险，其中筹资风险按照资金来源不同分为自创收入筹资风险、民间捐助筹资风险和政府拨款筹资风险；依据风险因素分为主观因素风险和客观因素风险，其中主观因素风险有责任风险和信誉风险，客观因素风险有资产风险和收入风险；依据财务风险能否被分散分为可分散风险与不可分散风险。对各种财务风险应按照种类进行识别。非营利组织财务风险成因包括组织目标特殊性、内外部财务监管不力、缺乏强制性责任机制等。对非营利组织财务风险应采取接受、减少、规避等应对措施。也有一些学者试图使用财务指标衡量非营利组织财务风险（熊筱燕等，2007；康伟和李波，2009；冯丽，2012）。总体而言，国内外目前对非营利组织财务风险的研究以定性研究为主，定量研究较少，缺乏公认的财务风险评价指标体系。

为使评价结果更接地气，采用功效系数法，选用我国非营利组织财务数据对财务风险进行客观评价。

6.2.2.1　变量选取

非营利组织与企业相比，财权安排与财务活动均有所不同。组织资财所有权、控制权与受益权分别属于出资人、管理者与服务对象。在非互益型非营利组织当中，这三方基本完全分离，几乎不存在交集。即使在互益型非营利组织中，资财所有权与受益权也存在一定程度的分离，不完全遵循"谁受益谁出资"原则。组织出资人没有剩余索取权，虽然组织可以而且也存在一定动机制定并实现自己的盈余目标（Chang and Tuckman，1990），但不能进行收益分配，因而非营利组织财务活动呈现出不同于企业的诸多特点，活动环节中也没有收益分配活动之说。非营利组织财务活动主要包括筹资活动、投资活动与非投资的用资活动。这些活动中皆存在一定不确定性，可能引致组织发生直接经济损失或其他间接损失，如声誉损失、人脉损失等。这些由于财务活动中的不确定性所导致的风险称为财务风险。非营利组织筹资活动的结果是形成一定的财务状态，其资财表现为不同资产形式，而这些资产又是组织进行投资和用资的基础。因此组织财务风险还表现为与筹资、投资和用资相关的财务状况中可能引发各项不确定因素乃至危险的资财结构、资金存在和资金来源对应关系。由于资金存在形式与资金来源反映在资产负债表的静态数据中，因而此种风险称为静态资财风险。那么，非营利组织财务风险指标设计就应按照筹资风险、投资风险、项目用资风险和静态资财风险来进行。对我国非营利组织而言，投资活动一般居于非主要地位，投资金额较少，组织对资金保值增值要求较高，在此项业务上都比较谨慎，很多组织都没有投资业务。由于投资收益不允许向出资人分配，所以非营利组织投资行为可视为另一种形式的筹资行为。故在考量投资相关风险时，不再单设投资类指标，而是将其隐含的风险因素融入其他风险指标来衡量。据此，对非营利组织财务风险按照筹资风险、运营风险和静态资财风险三类进行指标评价，具体指标如表6.1所示。

表6.1 非营利组织财务风险评价指标表

指标类别	指标名称	指标计算公式及来源
筹资风险指标	X1 捐赠收入比率	X1 = 捐赠收入/总收入（Siciliano, 1996）
	X2 捐赠补助收入比率	X2 =（捐赠收入 + 政府补助收入）/总收入（Ritchie, 2003）
	X3 收入总量	X4 = Ln 总收入（Olson, 2000）
	X4 收入集中度	X5 = 每项收入占总收入百分比的平方和（Chang and Tuchman, 1991）
运营风险指标	X5 捐赠资产比率	X6 = 捐赠收入/总资产（Ritchie and Kolodinsky, 2003）
	X6 公益支出比率*	X8 = 公益事业支出/总支出
	X7 收支比率	X9 = 总收入/总支出（Siciliano, 1996）
	X8 净收益率	X10 =（总收入 − 总支出）/总收入（Ritchie and Kolodinsky, 2003）
静态资财风险指标	X9 流动资产比率*	X11 = 流动资产/总资产
	X10 资产规模	X12 = Ln 总资产（Young, 2009）
	X11 净资率	X13 = 净资产/总资产（Ritchie and Kolodinsky, 2003）
	X12 资产负债率*	X15 = 负债/总资产

注：＊为笔者自己设计的指标。

非营利组织筹资风险直接表现为筹资数量不足与筹资结构不合理，间接表现为由此引发的使命失败风险、声誉风险等。长期以来，资金短缺一直是制约我国非营利组织尤其是民间非营利组织发展的一个"瓶颈"，如何调动社会资源，尽可能筹集到组织生存发展所需资金是管理者最重要的任务之一。因此，筹资风险指标包括筹资规模指标与筹资结构指标。筹资规模用年收入总量加以衡量，有较多收入的组织往往有能力更好完成组织使命，组织失败风险较小。捐赠收入与政府补助收入是非营利组织收入的主要来源，是维持组织生命的重要因素，政府补助收入也可视为间接捐赠收入。捐赠收入作为无须还本且没有盈余分享权的资金，其金额及所占收入比重的大小是衡量组织筹资能力的一个关键指标。尤其在目前我国非营利组织提供有偿服务较少、营利性较差的背景下，此项收入是组织低风险收入的最主要来源，该项收入越多，组织风险相对越小。收入集中度是某年度组织商品销售收入、政府补助收入、投资收益、其他收入、会费收入、提供服务收入、境内自然人捐赠、境内法人或其他组织捐赠、境外自然人捐赠和境外法人或其他组织捐赠分别占总收入比重的平方和，反映组织收入来源的集中程度和多元化水平。收入集中度越小，组织收入来源越分散，财务风险就越小。

非营利组织运营风险是由组织收支运营引致的各项不确定性，表现为收支对比关系及支出结构与效果，使用捐赠资产比率、公益支出比率、收支比率及净收益率衡量。捐赠资产比率反映了资金主要来源和占用形式之间的对比关系，该比率越高，组织财务安全程度越高。公益支出比率反映了总支出中有多少被用于公益事业。公益事业支出与行政管理费用支出是非营利组织两大支出形式，其对比关系反映了组织业务能力和资金使用效率，在支出规模一定的情况下，公益事业支出比重越大，表明组织用于维持生存所需资金越少，完成使命能力越强，财务风险越小。收支比率和净收益率表明了组织相对于支出而言的收入状况和日常活动对净收益净资产的影响。相对于支出的收入越多，净收益与净资产就会越大，应对财务风险的能力就越强。

在非营利组织中，某一时点上资产规模、资金占用结构及资金来源与占用形式之间的对比关系分别对应于不同程度的财务风险，这类风险称为静态资财风险，用流动资产比率、资产规模、净资产率、资产负债率等指标来表示。组织资产主要由流动资产、长期投资、固定资产、无形资产和受托代理资产组成。一般而言，我国非营利组织中流动资产、长期投资和固定资产居多。其中，流动资产比重越高，尤其是货币资金和短期投资所占比重越大，组织应对一些偿还风险或者支出风险的能力就越高。通常较大规模组织的抗风险能力比较小规模组织要强。非营利组织应付款项与外债比重越小，净资产尤其是非限定性净资产比重越大，相同条件下抵抗财务风险能力就越高，净资产率和资产负债率是衡量组织偿债风险的重要财务指标。

在上述指标中，净资产、总资产、负债数额分别取自财务报告里资产负债表中"净资产合计""资产总计数""负债合计"金额，总收入、总支出为业务活动表中"收入合计""费用合计"金额，行政管理费用为业务活动表中"管理费用"金额，公益事业支出取自财务基本状况表中的"用于公益事业的支出"。收入集中度计算时各项收入金额取自业务活动表和接受捐赠情况表中的"商品销售收入""政府补助收入""投资收益""其他收入""会费收入""提供服务收入""来自境内自然人的捐赠""来自境内法人或其他组织的捐赠""来自境外自然人的捐赠"和"来自境外法人或其他组织的捐赠"。

6.2.2.2 数据选取

在我国非营利组织中，基金会财务数据相对较为公开，而且国家对基金会财务管理工作与财务信息披露的监管相对更为严格，此类组织披露的财务数据相对较为规范。其中，教育类基金会在各行业中数量居多。鉴于此考虑到完整性与规范性，选取教育类公募基金会数据进行分析。

基金会财务数据的公开发布较之企业相对滞后，截止到 2014 年 11 月，在公开的网络途径中仅仅获取了 2012 年财务数据。其中，基金会中心网整理发布的基金会年报数据较为全面。依据该网站提供的数据，截至 2014 年 11 月底，我国全国及地方教育类公募基金会共约 550 个，占全国基金会总数的 14% 左右，其中基金会中心网提供 2012 年财务数据的组织有 474 个，一些在 2013 年与 2014 年新成立的组织没有相关数据。而且，有些组织总收入或总支出或总资产为负值，无法计算上述有关指标，因此最终有效数据为 460 个组织的财务数据。

为了增强数据时效性与可比性，了解发展动态与趋向，2016 年 4 月底对同类基金会财务数据再次进行整理分析，此时可查的基金会年度报告为 2014 年年报。然而，令人遗憾的是，并未能够从基金会中心网获取一一对应的基金会年报，无法取得分析所需完整财务数据，于是，通过中国社会组织网查询到部分财务数据，而该网站披露 2014 年年报的基金会只有 175 个。

依据基金会中心网的统计，截至 2016 年 4 月底全国及地方性教育类公募基金会为 589 个。其中，剔除 2015 年与 2016 年成立没有 2014 年年度财务报告的组织，在中国社会组织网查到了能够提供满足前述财务指标所需全部有效数据的组织 83 个。

6.2.2.3　财务风险的功效系数计算

功效系数法根据多目标规划原理，对每一项评价指标确定一个满意值和不允许值，以满意值为上限，以不允许值为下限，计算各指标实现满意值程度，并以此确定各指标分数，再经过加权平均进行综合，从而评价被研究对象的综合状况。这种方法多用于各种业绩评价与风险衡量。在我国企业财务危机预警研究中使用较多。分别依据上述两组数据使用前面 12 个指标计算功效系数，据此对我国非营利组织财务风险进行评价。

（1）单项功效系数。

考查各项指标与非营利组织财务风险变动方向，将指标分为财务风险的极大型指标和极小型指标。指标 X4 收入集中度与指标 X12 资产负债率为指标值越大、功效系数越小的极小型指标，其余指标为指标值越大功效系数越大的极大型指标。此处指标分类仅考虑与财务风险之间的相对变动关系，与组织财务管理效率、财务绩效等均无直接关联，唯此方能更加有效衡量其风险性。对极大型指标，分别采用每一项指标最大五个数值与最小五个数值的平均值作为指标满意值与不允许值。对极小型指标，则分别采用最小五个数值与最大五个数值的平均值作为指标满意值与不允许值。然后分别计算每个组织每项指标的功效系数。计算公式如表 6.2 所示。

表 6.2　　　　　　　　　　单项功效系数计算方法

指标类型	实际值＜满意值	下限值≤实际值≤上限值	实际值≥满意值
极大型指标	［（实际值 − 不允许值）/（满意值 − 不允许值）］×40 + 60	/	100

指标类型	实际值＜满意值	下限值≤实际值≤上限值	实际值≥满意值
极小型指标	100	/	［（实际值－不允许值）／（满意值－不允许值）］×40＋60

注：表格第 3 列用于区间型指标计算，虽此处无区间型指标，但为使计算方法完整，故本列予以保留。

（2）指标权重确定。

确定指标权重的方法有很多，选择变异系数法来确定权重，原因有二：一是选用客观计算方法，减少主观性，使得权重更加科学合理；二是考虑到变异系数法充分考虑了指标取值差异，这种对差异重视的思想与风险所涵盖的不确定性含义具有很高的潜在统一性。依据各指标变异系数在所有指标变异系数中的权数，确定出各项指标权重。前后两组数据计算结果分别如表 6.3、表 6.4 所示。

表 6.3   各项指标权重

指标	X1	X2	X3	X4	X5	X6	X7	X8	X9	X10	X11	X12
权重（%）	2.60	2.44	0.75	1.95	17.70	7.76	9.31	36.48	3.29	0.47	0.84	16.41

表 6.4   各项指标权重

指标	X1	X2	X3	X4	X5	X6	X7	X8	X9	X10	X11	X12
权重（%）	9.16	7.93	9.63	10.60	8.36	9.92	5.91	8.20	7.28	7.59	7.73	7.69

（3）综合功效系数。

根据计算出的指标权重与单项功效系数得出每个组织的综合功效系数。前后两组数据计算结果分别如表 6.5、表 6.6 所示。绝大多数组织的综合功效系数集中于 80~90 之间，不同组织存在不同程度的财务风险。

表 6.5　　　　　　　　　　　　　综合功效系数表 1

综合功效系数分值范围	60 ~ 70	70 ~ 80	80 ~ 90	90 ~ 100
风险程度	高风险	较高风险	较低风险	基本无风险
组织数量	3	18	438	1
组织百分比（%）	0.07	3.91	95.21	0.22

表 6.6　　　　　　　　　　　　　综合功效系数表 2

综合功效系数分值范围	60 ~ 70	70 ~ 80	80 ~ 90	90 ~ 100
风险程度	高风险	较高风险	较低风险	基本无风险
组织数量	0	9	72	2
组织百分比（%）	0	10.84	86.75	2.41

6.2.2.4　结果分析

功效系数法计算出的结果能够客观反映非营利组织之间财务风险的相对大小，而不是绝对风险数值，此结论充分体现于其计算过程。结合具体财务风险指标，将组织风险程度予以分类，可见多数组织具有较低程度的财务风险，少数组织财务风险较高，极少数组织财务风险很高或基本无财务风险。若需考量每个组织财务风险绝对数，应结合财务风险及财务脆弱性评价其他方法进行综合评判。虽然在对综合功效系数值分类时存在一定主观性，但此分析至少可以表明财务风险存在的客观性与基本分布状况。而且，通过两组数据对比可知，存在较高财务风险的教育类公募基金会比重上升了约 7 个百分点，综而观之，风险整体水平有所上升。

通过表 6.3 的比重计算可知，衡量非营利组织财务风险时，捐赠资产比率、净收益率和资产负债率是三个最主要指标，最能够反映各个组织在财务风险上的区别。总资产中捐赠资产比重、单位收入中结余数额、资金来源中负债比重对财务风险贡献达 70% 左右。对我国非营利组织财务风险的权衡比较可从这三个指标得到客观结论，这主要用于不同组织之间财务风险的比较中。2014 年财务数据表明，各指标在财务风险衡量中所占比重更加趋于均衡化，这种结果可能与两种因素有关：一是随着时间推移，监管越发严格，内部管理水平不断提升，非营利组织财务管理逐步规范化；二是受到样本数量大幅缩小限制，对分析结果可能有一定影响。

6.2.3　非营利组织财务风险成因分析

为进一步探寻非营利组织财务风险成因，采用主成分分析法来分析。考虑到前面两组数据中，前一组有效数据样本量是后一组的 5 倍之多，相对更具可信性，所以选用了第一组数据。

6.2.3.1　变量选择

为能够客观而全面地反映非营利组织财务风险，联系上述功效系数计算中主要影响因素，结合非营利组织财务活动内容与特点以及非营利组织财务信息披露实践，借鉴企业财务风险衡量指标体系设计，选取了 15 个风险衡量指标。这些指标能够涵盖组织财务活动的各个方面，不仅包括资金筹集、资金投放使用、资金外投增值等资金的来去安排等业务活动，也包括资金占用、组织规模等组织财务状况与其他相关影响因素。具体指标如下：

$Index_1$：捐赠收入比率，即捐赠收入/总收入，该指标反映了组织总收入中捐赠收入所占比重。捐赠收入是来自组织利益相关者的无偿资金来源，出资者不因出资享有捐出物资所有权，此资金无须付息，也无须还本，是非营利组织重要资金来源。较多的捐赠收入可以增强组织资金安全程度，减少各项财务风险。

$Index_2$：捐赠收入与政府补助收入比率，即（捐赠收入＋政府补助收入)/总收入，该指标反映捐赠收入与政府补助收入之和在总收入中的比重。之所以将政府补助收入置于捐赠收入一类相加，是因为政府补助收入可以被视为政府代替社会公众进行的捐赠。有学者将政府补助收入视为间接捐赠，也有学者将政府补助收入视为财政捐赠。

$Index_3$：投资收益比率，即投资收益/总收入，该指标反映组织对投资收益的依赖程度，体现了组织资金实力与投资理财能力。

$Index_4$：收入规模，即 Ln 总收入，该指标反映了组织规模与获取收入的能力，是组织财务实力的一个集中表现。

$Index_5$：收入集中度，即每项收入占总收入百分比的平方和，与前述功效系数中计算相同，该指标是"商品销售收入""政府补助收入""投资收益""其他收入""会费收入""提供服务收入""来自境内自然人的捐赠""来自境内法人或其他组织的捐赠""来自境外自然人的捐赠""来自境外法人或其他组织的捐赠"分别与总收入相比后求平方再相加。它反映了组织收入的多元化程度，指标最大值为1，即只有一种资金来源方式。指标值越大，收入越集中，抗风险能力越差。

$Index_6$：捐赠收入与总资产之比，该指标反映了不同资产规模的组织募集捐资的能力，一定程度上同时反映组织资金运营能力和筹资能力，进而与组织抵御财务风险能力相关。

$Index_7$：行政管理费用比率，即行政管理费用/总支出，该指标反映了非营利组织总支出中有多少被用于日常管理工作，可测量组织运行成本与运行效率。为限制行政管理费用，我国在相关的基金会管理条例中对该比例进行了一定限制。

$Index_8$：公益事业支出比率，即公益事业支出/总支出，该指标反映了组织开展业务的支出占总支出的比重，可测量组织业务能力。总支出一般由行政管理费用、资金筹集费用、公益事业支出和其他费用共同构成。

$Index_9$：收支比率，即总收入/总支出，该指标反映了组织收支对比关系，测量对应于单位支出，组织可筹集到的资金有多少。

$Index_{10}$：净收益比率，即（总收入－总支出）/总收入，该指标反映了组织收入在扣除支出后尚能够结余的程度，可测量组织一定期间的净收益。目前有学者认为非营利组织也需要进行相应的盈余管理。

$Index_{11}$：流动资产比率，即流动资产/总资产，该指标反映了非营利组织总资产中变现能力较强的流动性资金所占比重，可测量组织资金流动性、安全性、风险性。

$Index_{12}$：资产规模，即 Ln 总资产，该指标反映了组织资产规模。它与收入规模一起通常被用作衡量组织规模。一般而言，大规模组织抗风险能力相对于小规模组织要强。

$Index_{13}$：净资产率，即净资产/总资产，该指标反映了组织中无须还本付息的静态资产占总资产的比重，是使用两个时点指标计算而来的，可测量组织抵御债务风险的能力。

$Index_{14}$：投资比率，即投资总额/总资产，该指标反映了组织的单位总资产中有多少被用于对外投资，可测量组织理财能力。

$Index_{15}$：资产负债率，即负债/总资产，该指标反映组织单位资产中有多少需予以还本付息，组织偿债压力有多大。

6.2.3.2 探索性因子分析

为确定变量是否适合做因子分析，首先对前述 15 个变量进行 KMO 检验和 Bartlett 球体检验。结果显示，KMO 值为 0.645，Bartlett 球体检验的 SIg. 值为 0，单个变量的 MSA 值多小于 0.6，不足以满足该检验的经验性标准，故剔除部分变量继续探索性分析，通过对变量的穷举搜索，发现变量 $Index_1$、$Index_2$、$Index_4$、$Index_6$、$Index_{11}$、$Index_{12}$、$Index_{13}$、$Index_{15}$ 这一组合通过检验，结果满足如下条件：一是 KMO 值均在 0.7 以上，Sig 的值在 0.005 以下，为 0；二是单个变量的 MSA 值在 0.6 以上；三是几乎所有变量（只有一个变量提取值略低于80%）的提取率均在 80% 以上；四是依据特征值大于 1 的条件提取公因子的总贡献率在 85% 以上。

采用主成分分析和方差最大化因子旋转法得出四个公共因子，其总贡献率为88.494%，能很好评价所选基金会的财务风险。有关结果见表 6.7、表 6.8、图 6.2、表 6.9 和表 6.10。

表 6.7　　　　　　　　　　公因子方差

	初始	提取
捐赠收入/总收入	1.000	0.783
（捐赠收入＋政府补助收入）/总收入	1.000	0.800
Ln 总收入	1.000	0.933
捐赠收入/总资产	1.000	0.853
流动资产/总资产	1.000	0.778

	初始	提取
Ln 总资产	1.000	0.937
净资产/总资产	1.000	0.998
负债/总资产	1.000	0.998

注：提取方法为主成分分析。

表 6.8 　　　　　　　　　　　　解释的总方差

成分	初始特征值			提取平方和载入			旋转平方和载入		
	合计	方差的 %	累积 %	合计	方差的 %	累积 %	合计	方差的 %	累积 %
1	2.394	29.929	29.929	2.394	29.929	29.929	2.005	25.065	25.065
2	2.079	25.984	55.913	2.079	25.984	55.913	1.748	21.853	46.918
3	1.538	19.223	75.136	1.538	19.223	75.136	1.698	21.224	68.142
4	1.069	13.358	88.494	1.069	13.358	88.494	1.628	20.352	88.494
5	0.435	5.432	93.927						
6	0.385	4.807	98.734						
7	0.101	1.266	100.000						
8	$-1.002E-013$	$-1.031E-013$	100.000						

注：提取方法为主成分分析。

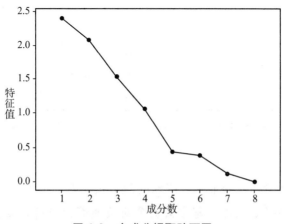

图 6.2　主成分提取碎石图

表 6.9　　　　　　　　　　　　　成分矩阵[a]

	成分			
	1	2	3	4
捐赠收入/总收入	0.270	0.719	0.323	− 0.297
(捐赠收入 + 政府补助收入)/总收入	0.204	0.648	0.336	− 0.474
Ln 总收入	0.172	0.868	− 0.160	0.351
捐赠收入/总资产	0.626	− 0.058	0.502	0.453
流动资产/总资产	0.662	− 0.165	0.407	0.384
Ln 总资产	− 0.102	0.550	− 0.667	0.422
净资产/总资产	− 0.840	0.164	0.464	0.225
负债/总资产	0.840	− 0.164	− 0.464	− 0.225

注：提取方法为主成分；a 表示已提取了 4 个成分。

表 6.10　　　　　　　　　　　　旋转成分矩阵[a]

	成分			
	1	2	3	4
捐赠收入/总收入	0.004	0.865	0.101	0.153
(捐赠收入 + 政府补助收入)/总收入	0.013	0.894	− 0.026	0.000
Ln 总收入	− 0.038	0.428	0.139	0.854
捐赠收入/总资产	0.073	0.075	0.917	− 0.023
流动资产/总资产	0.192	0.003	0.857	− 0.085
Ln 总资产	0.059	− 0.106	− 0.233	0.931
净资产/总资产	− 0.989	− 0.007	− 0.138	− 0.015
负债/总资产	0.989	0.007	0.138	0.015

注：提取方法为主成分；旋转法：具有 Kaiser 标准化的正交旋转法；a 表示旋转在 5 次迭代后收敛。

　　探索性因子分析结果显示，提取的四个公共因子中，因子 1 与净资产率和负债率显著相关，反映了基金会资金对负债资金与自有资金的依赖程度，体现为资金结构，因此称该因子为"资金结构"因子；因子 2 与捐赠收入和捐赠收入与政府补助收入分别占总收入的比重高度相关，是收入结构的反映，表明在总收入中两大收入来源所获资金比，反映了基金会的筹资能力，称该因子为"资金来源"因子；因子3与捐赠收入、流动资产占总资产比重显著相关，不仅反映了组织资产结构，体现了资金流动性与安全性，还反映了总资产大小与获取捐赠收入的能力之间的关系。该因子体现了组织资金安排与运作能力，称其为"资金运营"因子；因子4与收入及资产规模显著相关，可衡量组织规模对于财务风险的影响，称为"组织规模"因子。由成分得分系数矩阵（见表6.11）可得出四个因子的得分函数：

$$F_1 = 0.001 \text{Index}_1 + 0.033 \text{Index}_2 - 0.062 \text{Index}_4 - 0.105 \text{Index}_6$$
$$- 0.031 \text{Index}_{11} + 0.035 \text{Index}_{12} - 0.510 \text{Index}_{13} + 0.510 \text{Index}_{15}$$

$$F_2 = 0.503 \text{Index}_1 + 0.560 \text{Index}_2 + 0.111 \text{Index}_4 - 0.044 \text{Index}_6$$
$$- 0.070 \text{Index}_{11} - 0.192 \text{Index}_{12} - 0.012 \text{Index}_{13} + 0.012 \text{Index}_{15}$$

$$F_3 = - 0.010 \text{Index}_1 - 0.113 \text{Index}_2 + 0.137 \text{Index}_4 + 0.582 \text{Index}_6$$
$$+ 0.525 \text{Index}_{11} - 0.060 \text{Index}_{12} + 0.067 \text{Index}_{13} - 0.067 \text{Index}_{15}$$

$$F_4 = - 0.029 \text{Index}_1 - 0.149 \text{Index}_2 + 0.513 \text{Index}_4 + 0.061 \text{Index}_6$$
$$+ 0.021 \text{Index}_{11} + 0.612 \text{Index}_{12} + 0.012 \text{Index}_{13} - 0.012 \text{Index}_{15}$$

主成分确定后，以每个因子的方差贡献率作为权数对各个因子的得分进行加权，得出综合得分函数，最终基金会财务风险指标值P计算如下：

$$P = (2.394F_1 + 2.079F_2 + 1.538F_3 + 1.069F_4)/7.08$$
$$= 0.3381F_1 + 0.2936F_2 + 0.2172F_3 + 0.1510F_4$$

表6.11　　　　　　　　　　成分得分系数矩阵

	成分			
	1	2	3	4
捐赠收入/总收入	0.001	0.503	- 0.010	- 0.029
（捐赠收入 + 政府补助收入）/总收入	0.033	0.560	- 0.113	- 0.149
Ln 总收入	- 0.062	0.111	0.137	0.513
捐赠收入/总资产	- 0.105	- 0.044	0.582	0.061
流动资产/总资产	- 0.031	- 0.070	0.525	0.021

续表

	成分			
	1	2	3	4
Ln 总资产	0.035	− 0.192	− 0.060	0.612
净资产/总资产	− 0.510	− 0.012	0.067	0.012
负债/总资产	0.510	0.012	− 0.067	− 0.012

注：提取方法为主成分；旋转法：具有 KaIser 标准化的正交旋转法。

通过计算得出 460 家基金会财务风险状况的综合测评分及排序，限于篇幅，在此仅列出综合得分最高的 10 个基金会和最低的 10 个基金会名单及综合得分，如表 6.12 所示。

表 6.12　　　　　　　　　　　　　财务风险综合排名

基金会名称	因子 1 得分	因子 2 得分	因子 3 得分	因子 4 得分	综合得分	综合排名
基金会 1	− 0.53527	− 1.8539	0.815731	12.26776	1.304327	1
基金会 2	− 0.58583	− 1.88176	0.947311	13.54722	1.500832	2
基金会 3	− 0.60169	− 1.96327	0.99286	14.40649	1.611183	3
基金会 4	− 0.62856	− 1.87238	1.046511	14.33071	1.628991	4
基金会 5	− 0.58736	− 2.07157	0.972284	14.8641	1.64886	5
基金会 6	− 0.62288	− 1.96322	1.044771	14.84603	1.681677	6
基金会 7	− 0.55536	− 1.98494	0.917671	15.09222	1.707696	7
基金会 8	− 0.72703	− 1.59183	0.812781	15.52313	1.807358	8
基金会 9	− 0.68594	− 1.76064	1.224175	15.2114	1.813974	9
基金会 10	− 0.779	− 0.71911	1.332555	13.32651	1.827223	10
基金会 11	− 1.18133	− 1.13646	2.630006	22.54664	3.242707	451
基金会 12	− 0.63267	− 1.17863	2.174704	22.08858	3.247767	452
基金会 13	− 0.86152	− 0.9733	2.888554	21.19989	3.251535	453
基金会 14	− 1.17852	− 1.14818	2.607157	22.67021	3.253914	454
基金会 15	− 1.07386	− 1.32533	2.037074	23.78973	3.282513	455

续表

基金会名称	因子1得分	因子2得分	因子3得分	因子4得分	综合得分	综合排名
基金会16	-1.11876	-1.21637	2.278274	23.53271	3.312902	456
基金会17	-1.22905	-1.14214	2.806013	23.09121	3.345365	457
基金会18	-0.33725	-1.38372	1.949362	23.24475	3.413075	458
基金会19	-3.09007	-0.91493	13.05108	13.2932	3.528591	459
基金会20	-2.59507	-1.74268	19.11279	18.12632	5.499328	460

6.2.3.3　结果分析

通过探索性因子分析，最终发现影响非营利组织财务风险最重要的因素有四个，即资金结构、资金来源、资金运营和组织规模。其中，资金来源结构与占用结构两者的方差贡献率在解释的总方差中比重超过一半，资金来源与占用形式是非营利组织财务风险的重要成因。组织规模对财务风险有一定影响，但相对其他三个因素，影响则相对较小。

从资金来源因子得分分布来看，最低分为-2.1063，最高分为-0.5454，均小于0。有160家基金会的因子得分低于平均分-1.1007，资金来源相对更为不合理。总体而言，资金来源因子得分较低，引致的财务风险较大。这与我国基金会资金来源方式较为单一、多元化程度不足的现实相吻合。

就资金结构因子的得分分布状况而言，有239家基金会在筹资能力因子上得分低于平均水平，最小值为-3.0901，最大值为0.1120，只有两家基金会得分大于0，其余皆在0以下。可见，相比而言，所选基金会有一半左右在债务安排上较之所有组织的均值要差。

资金运营因子得分均在12以上，平均水平上下的组织各占一半左右。因目前我国基金会中主要以捐赠收入为主，且资金占用形式以流动性资金为主，灵活性与安全性较强，随时可用于支付、偿债的资金相对较多。此类财务风险相对较小。

分析综合得分，天津市某基金会分值为2.5417，处于平均水平，低于该水平和高于该水平的组织分别为234家和225家，分别占一半左右。天津市联合助学基金会的其他四个因子得分也位于均值附近，但是其他组织的四个因子得分所处排序与其综合得分排序并非大概一致，有些相差甚远。相比较而言，多数全国性基金会较之地方性基金会财务风险较小。地方基金会财务风险未呈现出显著地域特征。

为进一步检验分析结论，使用前述 2014 年度 83 家组织数据分别计算出主成分分析中相应的资金结构、资金来源和资金运营指标，并结合组织规模，比对之前各组织功效系数状况，发现多数组织风险成因指标排序与功效系数排序相符，虽未呈现一一对应的顺序，但就整体状况而言，基本结论一致。因而，得出的主要财务风险成因得以验证。

6.2.4 非营利组织财务风险的防范与控制

通过分析，我国许多非营利组织均存在不同程度的财务风险，应予以正确对待。同时，应采取有力措施，防范和控制组织财务风险。

6.2.4.1 正确对待财务风险

国外学者对待非营利组织风险的态度有保守、中立、激进三种。有学者认为，由于人们不情愿使用不属于自己的受托资产来冒险，因而非营利组织管理者对待风险持保守态度（Scanlon and Dillon，2006）。也有学者认为，非营利组织服务于社会，为完成使命，它们不惜承担重大风险（Young，1986）。若是将非营利组织作为一个整体，那么社会能够容忍不同风险标准的组织，每个组织风险标准不可能一致，不能用统一风险标准去衡量所有组织。就此意义而言，非营利组织整体应为风险中立，既非保守，也非激进（Young，2009）。

在我国，鉴于非营利组织性质与发展起步较晚，虽其财务问题受到越来越多重视，但人们尤其是组织内部人员对财务风险仍不够重视。一般认为，组织就是拿别人的钱办点事，钱多多做事，钱少少做事，何来财务风险。这种轻视组织财务风险的思想是错误的，一定要转变观念，正确对待非营利组织财务风险问题。从前述分析可见，我国非营利组织中隐含着多种财务风险，若不能够正确对待，势必变相纵容风险因素，推动财务风险扩散。应以客观独立的态度正视非营利组织财务风险，加强监控，防患于未然。

6.2.4.2　财务风险防范与控制

非营利组织财务风险具有客观性、潜伏性及隐蔽性、不易评价性和高度危害性，但也具有一定可控制性。可以采取有效措施对非营利组织财务风险进行防范。

（1）提高财务风险意识。

由于非营利组织财务风险具有较大的潜伏隐蔽性，因此往往容易被忽视，不能得到足够重视。需要对客观存在的财务风险加强识别，正确估计和评价。

组织管理人员尤其是财务管理人员应高度重视潜藏的财务风险，通过各种财务现象和财务数据积极识别风险因素，根据不同的风险种类采取不同措施，争取将财务风险遏制在萌芽状态。对资产风险与收入风险，通过组织内部财务措施及时予以调整；对运营风险，应加强支出监控，排除风险隐患；对责任风险要锁定责任人，针对性地处理；对声誉风险，应尤为重视，切忌贪小利而忘大义，为一时利益损毁组织名誉。

非营利组织财务风险具有不易评价性，难以绝对量化，不像企业财务风险具有多种较为成熟的定量评价方法。可结合我国国情，适当借鉴国外非营利组织财务脆弱性评价模型，或者结合组织实际，适当借鉴营利部门财务风险预警评价模型对我国非营利组织财务风险进行衡量。在设计财务风险评价指标体系时，需考虑"组织的目标是否与它的财力资源相一致？组织的行为是否符合代际公平的标准？可供支出的资金是否与实际支出的资金匹配？组织的发展是否具有可持续性？"等问题。将定性方法与定量方法相融合，及时发现并评价组织财务风险。

（2）提升资金运营能力。

从前面的分析可知，资金结构、资金来源和资金运营等资金相关因素是非营利组织财务风险的重要源泉。为切实防范财务风险，组织需采用更为安全的资金来源、资金占用形式与资金运营方式。

第一，改善资金来源结构。我国非营利组织资金来源结构有许多不合理之处，过度依赖捐赠收入与境内捐赠。例如，在基金会中心网公布了2012年财务报告的50家安徽省基金会，该年度总收入共334824575元，其中，捐赠收入293812946.8元，占88%，商品销售收入1000000元，政府补助收入10100000元，占3%，其他收入9227933.58元，占3%。就捐赠收入来源方向而言，境内捐赠收入为562221807.4元，占99%，境外捐赠收入为3697253.92元，占1%。捐赠收入基本源于境内捐赠。而且，无论境内捐赠还是境外捐赠，来自组织而非个人的捐赠都在8成以上。再如，2009～2013年间我国基金会平均投资收入仅占总收入的4%，在基金会捐赠主体的分布上，源于境内的捐赠为90.99%，来自境内机构的捐赠超过一半，境内自然人捐赠仅为36.09%，与欧美国家的70%相差较大[①]。在此情境下，资金易过多受外部因素制约，如特殊事件引发的信誉急剧下降、国内经济形势变动等。为此，需切实改善资金来源结构，从多种渠道拓展融资方式，进行多元融资，尤其需提升组织自身能力，争取更多自创收入。还可适当引入国际资金，尤其是面向慈善文化特色比较明显的国家与人群以及公益慈善比较成熟的国家与地区，吸引他们的关注与投入。

第二，合理选择资金占用形式，提升资金营运水平。我国很多非营利组织资产构成不合理，资金营运力有待提高。仍以上述50家安徽省基金会2012年财务数据为例，年底有16家组织货币资金占流动资产的比例为100%，有15家该比率在20%以内，有19家居于两者之间，比率在50%以上的有29家，近6成。总体而言，大部分组织资金流动性较好，但也有7家基金会该比率值在10%以内，资金流动性较差。全部基金会的货币资金与流动资产之比为50.61%。大部分组织都没有短期投资，采用短时间对外投资方式获利能力普遍较弱。有70%的基金会没有长期投资，所有组织资产中有23.15%为长期投资。若按照财务报告中的投资收益与长短期投资额之比计算每个组织总体投资收益率，则收益率在5%以内的有5家，在5%～

---

① 基金会中心网、中央民族大学基金会研究中心：《中国基金会发展独立研究报告（2015）》，社会科学文献出版社2015年版。

10%之间的有7家，10%以上的有7家，平均收益率为4.76%。投资获取收益水平整体较低。有一半组织没有应收及预付款项，有此项目的组织该项目占流动资产的比重也普遍较低。可见，组织利用商业信用资金能力普遍不高。因而，组织应在一定的流动性基础上，适当减少货币资金占用，适时利用短期投资与商业信用为组织创收，对有些闲置的非限定性用途资金考虑长期投资形式，改良资产结构，加强资金营运管理。另外，在某些条件下，还需恰当运用负债形式运营资金。不能仅仅考虑表面的资金流动性与负债比率，只有从根本上优化资金管理，在提高资金利用率和创收能力的同时控制财务风险，才能从根本上解决问题，治标治本，真正起到防控财务风险的作用。

（3）完善财务信息系统。

非营利组织披露的财务信息的客观性与完整性是正确判断财务风险的基础。通常依据财务信息来判断组织所获得的财务收益与原来预期收益发生偏离的状况、判断组织实际资财占用情形与预算情形之间的差距，从而预计组织资金形式及财务成果遭受损失的可能性。财务信息作为非营利组织财务活动的集中反映，其准确性与可获取性对了解组织潜在财务风险至关重要。需完善财务信息系统，规范从财务信息形成到财务信息披露的每个环节。

首先，把好会计核算关。目前我国许多非营利组织会计核算中还存在勾稽错误，缺乏规范性，如存在受托代理资产与受托代理负债对应关系不清晰、按照会计项目与按照用途两种口径披露的费用总额不相等等问题。为此，需从会计核算的源头把好关，避免核算错误影响财务信息正确性。其次，把好财务信息披露关。目前我国很多非营利组织财务数据公布不及时、不完整，披露方式不当。许多组织采用非网络等不易被搜索查询的媒介方式。而且在一些组织的官网寻找其财务信息都很困难，网站栏目设置中没有专门财务报告或财务信息栏，财务报告和审计报告信息不明显。另外，在所公布的财务信息中，会计项目数据说明不够明确，《民间非营利组织会计制度》规定应在年度终了后四个月内对外提供的会计报表附注与现金流量表很难查询到，应收应付款项、限定性收支、其他费用等内容说明不够具体，这会大大阻碍财务风险判断时信息的获取。因此，应进一步完善财务信息披露，规范披露媒体与披露方式，提高信息可获得性，并尽量完整披露法规要求的财务信息，为财务风险的衡量奠定好信息基础。

（4）提高财务监管水平。

非营利组织缺乏终极所有权人的有效监管，受益者受专业与时间精力限制也很难长期跟踪监督，因而提高财务监管水平对非营利组织财务风险防范与控制尤为关键，财务监督与财务管理，需双管齐下，方能奏效。

第一，提高财务风险管理水平。首先，须遵循相关法律法规，遵守组织章程中相关规定，对自己严格要求。同时加强资金管理制度与收支管理制度建设，让组织财务事项有规矩可循。其次，合理设置财务组织机构，依组织规模与特征设计财会岗位，主动实行岗位分离，为财务风险的防范提供组织保障。另外，需加强财务人才培养和道德教育。许多财务风险的识别均需财会人员较为专业的知识，应加强财务人员培训与教育，提高其专业素质。且财务人员职业道德对规避由于自身错误行为或决策失误所引致的财务风险尤其重要，要提高其思想道德水平，以避免由于组织财务人员贪图私利而导致的财务风险发生。

第二，加强财务风险监督。非营利组织财务风险控制离不开内外监督，应将自律、互律、他律相结合，从财务与非财务视角全方位监视财务风险。组织内部财务监督包括理事会监督、审计委员会监督和规章制度监督。完善财务治理结构，提升财务治理水平，为财务监督打下良好制度和组织结构基础。外部监督指组织其他利益相关者为维护自身利益，通过不同途径对组织财务情况进行监督，如政府监督、独立第三方监督、社会媒体监督、捐赠者与受益者监督等，还包括同行业组织互相监督。财务风险监督应分别就组织筹资方面如捐赠资金、政府资金、投资收益等，资金支出方面如支出结构风险等，会计方面如会计核算规范性等，资财占用与管理方面如资金形式、负债状况等内容分项进行，落到实处。一发现财务风险因素及事实，就当立即反馈信息，解决问题。

第 7 章

非营利组织出资者和成员的财务
公平感知及其与组织关系协调

7.1 非营利组织出资者财务公平
感知及其与组织关系协调

于许多非营利组织而言，资金募集仍是其亟须解决的关键问题之一，所筹资金数量直接制约着组织项目开展与使命实现，基金会尤其如此。出资者出资意愿和利益诉求受到多种因素影响。如何找到核心要素并从其着手来处理与出资方的关系是非营利组织面临的一项主要任务。不同出资人利益不同，关注点也不同，对财务公平的感知点也有差异。企业和个人捐赠者是我国非营利组织尤其是基金会的主要出资者，他们具有不同的财务公平感知内容。非营利组织在处理相应财务关系时应区别对待。

7.1.1 企业捐赠者财务公平感知及其与组织关系协调

企业捐赠者是非营利组织资金的一个重要来源，他们不仅直接向非营利组织捐款，还通过直接成立非公募基金会的方式从事公益事业。2004 年

《基金会管理条例》颁布以来，企业据此成立了大量的非公募基金会，从伊始的急速增长到目前的平稳增长，非公募基金会一直是我国每年新成立基金会的主力，以年均31%的增长率领先公募基金会20个百分点[①]。

企业作为一个独立的捐赠主体，捐赠行为具有利他的一面。然而，营利性组织必然会充分考虑捐赠这一行为对自身经济利益的影响。它们对非营利组织财务公平的感知多与企业利益相关者利益相连。对非营利组织的捐赠行为不仅能够满足企业诸多利益相关者的非经济诉求，也能够促进企业经济目标的达成。绝大多数企业捐赠者对非营利组织财务公平的感知主要在于它们向非营利组织资财的转移为企业带来的直接和间接经济效益，例如捐赠行为给企业带来的声誉品牌资产、节税效应和融资效应等。

7.1.1.1 企业捐赠者财务公平的经济效益感知

作为一个独立的经济主体，企业需要维护自己的权益，为各利益相关者负责。向非营利组织的捐赠行为于企业而言，往往可以带来许多短期与长期、直接与间接的经济利益。这些利益或许源于目的性战略捐赠，或许源自"无心插柳"之行为。无论出发点如何，都会触动企业的利益感觉器官，构成并增强其捐赠的财务公平感知。

慈善捐赠的节税效益不仅能够依据所得税相关法规直接为股东节省相应税费，其社会效益也能够间接起到拉升企业经济效益的作用。实践中，逐利性商业行为未必能使企业获利，而单纯的捐赠行为却可能为企业带来经济利益。企业向非营利组织的捐赠，短期而言会直接减少其资产与利润，长远来讲则会促进业务量增加，扩大企业知名度，改善其外部环境。捐赠行为对营利性本质的表面背离，实质上符合企业整体利益，符合股东长远利益，顺应了企业对经济利益的追逐要求。有研究表明，企业中销售和资产的回报率均与其社会公益成绩显著正相关，投资回报率与社会公益成绩也正相关。

具体而言，企业向非营利组织的捐赠对自身经济利益的促进作用主要体

---

① 基金会中心网、中央民族大学基金会研究中心：《中国基金会发展独立研究报告（2015）》，社会科学文献出版社2015年版。

现为企业竞争力的增强和知名度的提高。埃拉·杰克逊指出，当企业领导人支持社会责任时，"他们明白市场要求他们这样做，这样做会让他们居于竞争优势"①。企业慈善捐赠的目标、方式、数额、领域和对非营利组织的选择等会通过对企业社会资本的影响来提高企业竞争优势。企业竞争力的提高表现为市场认同度与份额、员工士气与生产力、企业文化培育等方面。实践中，汶川地震后，市场对捐赠企业整体作出了积极反应，王老吉、步步高、李宁、联想等企业的积极捐赠都扩大了它们自身的市场影响力。捐赠企业的员工往往具有对所在组织更多的荣誉感和自豪感，向心力与凝聚力更强，有助于推动工作驱动力，激活创造力，进而提高生产效率与业绩。这也为企业团结互助、积极向上文化氛围的形成奠定了良好基础。企业捐赠行为还有助于树立良好社会形象或改善原有负面形象，增强软实力。慈善捐赠行为对企业品牌感知质量与品牌形象产生直接影响，并通过声誉产生间接影响。被消费者认可的捐赠行为可以有效提升企业公信力，提升品牌资产的价值。在企业捐赠行为实施中，消费者往往会推因认为企业在产品安全性、售后服务等方面也能较好考虑他们的感受，从而减少了消费者的风险感知程度，提升了企业形象，促进了企业销售，提高了其经济效益。

当然，在企业捐赠的财务公平感知中，企业资财的流出与经济利益的流入也需充分考量各种"不良动机"与复杂关系，规避不正当经济交换。若公司捐赠决策者与受赠非营利组织存在不当利益关系，如企业董事会成员或经营者等决策者可能试图通过捐赠行为换取非营利组织管理层职位，或者企业与受赠非营利组织间存在着某些特殊的权益关系，如企业捐赠于本行业对自身具有认证资格的行业协会等非营利组织，那么就可能存在打着捐赠旗号的隐形交易关系，此种情况下企业捐赠行为所带来的经济利益应受到严格审查与规制，必要时应予以禁止。企业捐赠信息充分披露可以在一定程度上减少上述不当行为。暴露于阳光之下的捐赠会促使企业减少不良动机。企业捐赠信息的披露能够使其与受赠组织之间的关系明晰并置于社会监督之下，有利于限制企业将慈善捐赠作为手段牟取不当利益，制约拥有捐赠决策权的管理

---

① 乔尔·巴肯著，朱近也译：《公司：对利润与权力的病态追求》，上海人民出版社 2008 年版。

者利用企业资源换取个人利益的行为。

然而，企业向非营利组织捐赠信息的披露也可能为自己带来不利影响。强制要求企业披露捐赠信息，在无形中就强加给企业一项义务，义务的履行势必增加相应成本。而且，企业捐赠的披露还可能引致管理者出于谨慎考虑而减少捐赠，以降低也许会引发的股东不满情绪。此外，捐赠对象与捐赠数量的选择也会为企业带来负面影响，若企业披露的捐赠对象有争议，或者捐赠数额较小，则易引发社会争议，有损于企业形象。因此，对于企业向非营利组织捐赠，应采取适度披露原则，依据捐赠金额及对股东影响大小，分别进行强制披露与自愿披露，对披露内容与时间进行恰当安排。

7.1.1.2 企业捐赠者财务公平的融资效应感知

除经济效益之外，慈善捐赠对企业的另一个重要财务影响是其融资效应。企业对捐赠的融资影响的感知是财务公平感知的一个重要方面。然而，企业捐资于非营利组织是否能缓解其融资约束，学者们意见并不统一。赵红建等（2016）通过对我国 A 股上市民营企业数据的实证分析得出，采用慈善捐赠方式并不会缓解我国 A 股上市民营企业的融资约束问题。然而，更多的学者则更为赞同慈善捐赠能够缓解企业的融资约束。高帆等（2014）认为，慈善捐赠能直接或间接作用于外源融资尤其是银行融资，有效改善民营企业外源融资环境，增加融资数量，一定规模的民企、有政治关联的民企和市场信用环境健全时的民企的慈善捐赠金额与融资金额具有正向相关性。翟淑萍等（2015）使用上市公司股权融资的有关数据研究了我国企业的慈善捐赠对融资约束的缓解作用，结果显示，企业的慈善捐赠行为及规模可降低融资约束，国企的融资约束缓解作用小于非国企，总体来看，捐赠企业比未捐赠企业再融资倾向更为明显，捐赠规模可促进股权再融资扩大规模。而且，制度环境越差，慈善捐赠改善企业融资能力的作用就越强（王宇光等，2016）。有些学者将企业向非营利组织捐赠的研究融于企业慈善捐赠研究之中，企业慈善捐资有的直接流入非营利组织中，有的通过民政部门最终流入非营利组织当中，无论何种流入方式，企业向非营利组织捐赠的财务感知效应皆一致。

企业对非营利组织的慈善捐赠具有信号显示功能，可优化企业信息环境，尤其是社会责任信息，有利于企业融资条件的改善与融资约束的缓解。企业对外进行捐赠，不仅仅向资本市场传递出与上述声誉有关的信号，同时也表达了自己的现金流状况。向非营利组织出资的企业一般现金流比较充裕，具有较强的偿还能力，资本市场向其提供资金的数量就会相对较多，资金成本也会相对较低。而且，对外进行慈善捐赠是企业社会责任履行的重要途径。在其他条件相同的情况下，捐赠越多，说明企业社会责任履约程度越好，尤其在同行业比较中更容易胜出。而社会责任履行较好且进行相关披露的企业，其权益成本会显著下降（Ghoul et al.，2011）。因而融资效应是企业捐赠于非营利组织后感知到的又一个明显的财务变化。

7.1.2　个人捐赠者财务公平感知及其与组织关系协调

相对于企业对非营利组织的捐赠行为，学者们对个人捐赠的研究较少。鲜有学者对非营利组织出资者中个人的公平感知进行系统研究，其中，财务公平方面的研究也多限于个人所得税对个人捐赠意愿与行为的影响。在中国，个人捐赠者是非营利组织重要的出资主体之一，依据 2009~2013 年统计数据，中国基金会境内自然人捐赠占 36.05%，他们的财务公平感知直接影响到向组织捐赠的数量①。个人出资者的财务公平感知是其对组织公平感知的一部分，是他们作为核心利益相关者对于组织公平的感知中与财务密切相关的部分。出资人最关心的是非营利组织资金的使用，能否及时获得有效财务信息、财务资金的使用是否公开透明、资金使用效果如何、面临的财务风险有多大等都是个人捐赠者关注的焦点。

面对相同的事实，捐赠者的个人主观感知各不相同。个人出资者的财务公平感知受到其所处社会情境、捐赠动机和个人经历等多种因素影响。学者们分别通过脑电实验、功能磁共振实验等方法研究初始财富、社会距离、社

---

① 基金会中心网、中央民族大学基金会研究中心：《中国基金会发展独立研究报告（2015）》，社会科学文献出版社 2015 年版。

会比较、社会等级和损益框架等社会情境因素对包含财务公平在内的公平感知的影响，从不同视角阐述了公平感知产生的行为及神经效应。个人公平感知还与捐赠动机密切相关。例如，基于利他动机和个人自身声誉需求的捐赠者对受赠非营利组织的财务事项关注重点就可能大相径庭。物质激励和社会性因素作为慈善捐赠的两大主要动机对捐赠行为的影响各不相同。因而，身为不同主要动机的持有者，物质激励捐赠者就会更加关心向非营利组织捐资给自己带来的经济利益，而社会性因素捐赠者则会更加关注资金使用的效果效率以及其他社会效应。

那么，不同的财务公平感知对捐赠意愿又有何影响？非营利组织该如何增强个体出资者的财务公平感知以促进其捐赠意愿的达成呢？

7.1.2.1 个人捐赠者财务公平感知对捐赠意愿的影响

非营利组织个人捐赠者对组织的各项感知与个人捐赠之间的关系正受到越来越多国外学者关注，他们开始探讨非营利组织如何被感知以及这些感知对后续捐赠的影响问题。然而，综观我国已有文献，虽不乏个人捐赠者捐赠动机、捐赠意愿和捐赠行为的相关研究成果，却鲜有含财务公平在内的组织感知与捐赠意愿关系的研究。此处选用对个人捐赠者依赖性相对较强的公募基金会作为研究对象，通过向个人捐赠者发放调查问卷来探讨个人捐赠者财务公平感知对于捐赠意愿的影响。

（1）理论基础与研究假设。

捐赠意愿是捐赠行为的关键因素，捐赠行为基本都是在捐赠意愿驱使下完成的。一般而言，违反意愿的行为主要包括被迫相关意愿行为与无知相关意愿行为。除此之外，人们的行为总是与其意愿相一致。捐赠也是如此，它作为一种意识行为，达到一定强度时，在捐需情境刺激下，就会产生捐赠动机与捐赠行为（赵春雷，2016）。财务公平感知作为个人向非营利组织捐赠意向的重要影响因素，对捐赠宽度及深度具有十分重要的意义。

个人捐赠意愿受许多因素影响，它不仅受公益事项重要性感知、组织信任和集体主义倾向影响（赵芬芬和杜兰英，2016），还会受慈善理念、税收激励、慈善监管等因素影响（黄辉等，2013）。此外，个人情绪也会作用于捐赠意愿，悲伤情绪导致捐赠意愿增强，快乐情绪导致捐赠意愿降低（谢烨和周军，2012）。

捐赠意愿会在受捐者感谢反馈下不断推进，作为一种肯定与承诺，感谢反馈将增加捐赠者的社会价值感知，使其能更好地感觉自己对受捐者的帮助和对社会的贡献（Grant and Gino，2010）。个人的社会价值感知越好，捐赠意愿越明显。捐赠者的感谢反馈和社会价值感知以对所赠物资善意使用的良好结果为前提，与财务资金使用相关的感知是其重要内容。事实信息能够调节反馈来源与感知的社会价值之间的关系，进而影响捐赠意愿。财务信息是捐赠者渴望获得的主要信息。非营利组织接受捐赠人物资后，需要将物资相关状况及使用规则与实情向出资人反馈，使出资者满意，这对之后捐赠者继续向组织捐赠将产生积极作用。个人对非营利组织所募资金使用情况相关信息的了解程度，对其捐赠态度的形成至关重要（徐家良等，2015）。个人捐赠者主要关心非营利组织的沟通质量和对自身需求的响应程度（Sargeant et al.，2006）。因而，资金使用状况、使用规则与财务信息的易得性会对个人捐赠意愿产生作用，良好的资金使用安排、科学合理的资金使用规制及财务信息的公开透明等财务公平相关事项感知将对捐赠意愿形成积极影响，反之，则会不利于个人捐赠意愿。

故得出如下假设：

假设1：个人捐赠者的财务结果公平感知对其捐赠意愿产生正向影响。

假设2：个人捐赠者的财务程序公平感知对其捐赠意愿产生正向影响。

假设3：个人捐赠者的财务信息公平感知对其捐赠意愿产生正向影响。

在捐赠者财务公平感知中，财务程序公平与财务结果公平感知具有一定因果关系，财务结果公平要求财务程序公平。组织须严格按照有关规章制度安排资金，并及时对外公开财务信息，方便出资人获知资金使用状况，才能在一定程度上保证资金使用的合理性与效率性。公平的资金使用过程是财务结果公平的前提，是其必要非充分条件。组织财务信息的积极主动传递有助于资金合规合理使用，并促进资金效益提升。客观财务信息的获取是非营利组织各利益相关方对组织财务事项进行监督的基础。组织管理机构和第三方机构以及其他监督方必须依据所掌握的财务信息判断组织是否具有财务违规行为和低效行为，评价组织资金使用合理性与财务风险大小。故有如下假设：

假设4：个人捐赠者的财务程序公平感知对财务结果公平感知产生正向影响。

假设5：个人捐赠者的财务信息公平感知对财务结果公平感知产生正向影响。

假设6：个人捐赠者的财务信息公平感知对财务程序公平感知产生正向影响。

依据以上假设，得出非营利组织个人出资者财务公平感知与捐赠意愿模型，如图7.1所示。

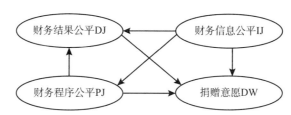

图7.1 非营利组织个人出资者财务公平感知与捐赠意愿模型

注：箭头指向表示正向影响方向。

（2）研究方法与设计。

①量表开发。个人捐赠者财务公平感知量表源于科尔奎特（Colquitt，2001）的公平感知量表。这是一个被学者们广泛使用的公平感知量表。科尔奎特使用元分析方法，对25年里183个有关公平感的研究进行探析，较为完整地分析了包括人际公平、分配公平、程序公平和信息公平在内公平4维度间的关系及其与组织效果的关系。他在研究中使用了5级量表，表中项目分别选自蒂博和沃克（Thibaut and Walker，1975）、利文撒尔（Leventhal，1976、1980）、比斯和莫格（Bies and Moag，1986）的成果，共4个维度20个选项。对这些维度和选项逐一进行分析，发现人际公平维度中4个项目均不涉及财务，与财务问题无关，不属于财务公平范畴，故予以剔除。而其余三个维度题目均与组织财务有着密切联系，属于财务公平考量内容，予以保

留。同时，考虑到非营利组织性质的特殊性，出资人不能参与分配，他们关心更多的是资金具体使用所涉财务程序与财务信息等内容。因而，对量表项目依据非营利组织资金流程特殊性做了适当调整，最终确定了财务程序公平、财务信息公平、资金使用公平 3 个维度 16 个选项。在确定量表项目时，就翻译过程中可能出现的语言问题及内容调整过程中可能出现的其他事项向语言学专家们及非营利组织财务领域的专家和学者们进行请教，以使选项能够更好地反映非营利组织个体出资者的财务公平感知。

对于个人捐赠意愿，学者们在研究中也开发了一些量表。蒋晶（2014）借鉴贝克和丘吉尔（Baker and Churchill，1977）的购买意愿量表对个人捐赠者捐赠决策过程进行测量，她采用了由"我会关注捐赠信息""我会尝试捐赠""我会帮助捐赠""我会发动亲友一起捐赠"4 个测项构成的量表进行分析。她的个人捐赠意愿研究对象为捐赠过以及未捐赠过的个体。鉴于此处测量的是有过捐赠经历的自然人对非营利组织财务公平的感知，选用杜兰英（2012）等使用的捐赠意向量表，该量表的 4 个测项分别为"您愿意向您选定的非营利组织捐赠""您下次还愿意向您选定的非营利组织捐赠""您不会停止向您曾捐赠过的非营利组织捐赠"和"您愿意推荐别人向您选定的非营利组织捐赠"。

国内外许多研究者从人口统计学视角对个人捐赠问题进行了探讨，结果表明，不同的个体特征也会影响捐赠意愿与捐赠行为。丽塔（Rita Kottasz，2004）认为，人口统计学因素是影响个人捐赠行为的主要外在因素。布鲁克斯（Arthur C. Brooks，2008）认为宗教信仰和收入等是个人捐赠的影响因素。在我国，拥有宗教信仰的人更热衷于主动捐赠，平均月收入较高的人能够更积极地参与募捐活动（徐家良等，2015）。达维阶等（2005）、蔡佳利（2005）、罗公利等（2009）、黄镔云（2007）、张进美等（2013）等人研究发现，个人捐赠行为受到诸多人口特征因素影响，如年龄、性别、民族、宗教信仰、受教育程度、收入等。借鉴已有研究成果，选择性别、年龄、民族、宗教信仰以及与收入相关的一些变量等作为控制变量。

对上述内容进行整理，最终得出非营利组织出资者财务公平感知对捐赠意愿影响的量表。该量表分为捐赠者基本情况、财务公平感知和捐赠意愿三个部分。其中，捐赠者基本情况包含性别、年龄、受教育程度、收入状况等12 个选项作为控制变量存在。财务公平感知量表包括财务结果公平（DJ）、财务程序公平（PJ）和财务信息公平（IJ）3 个维度，分别有 6、6 和 4 个选项，共计 16 个选项。捐赠意愿量表包括 4 个选项。除捐赠者统计特征外，其余内容均采用李克特 5 级量表进行测量。

②量表预测试。在对量表文字与内容进行进一步检查后，首先发放 200份问卷进行预测试。剔除作答时间异常、规律作答和未完成问卷后，得到有效问卷 160 份。对预测试数据进行探索性因子分析和信度效度检验。

第一，对出资者财务公平量表进行探索性因子分析，提取 3 个因子，剔除因子载荷小于 0.6 及存有交叉负载的测项。

在提取过程中，删除了不符合要求的选项：组织自身行政管理经费能够尽可能缩减（DJ3）、受资者之间资金分配状况合理（DJ4）、受资者能够按照约定用途合理高效使用所得资金（DJ5）、组织资金基本不存在财务风险（DJ6）、我希望能参与资金使用规则制定过程（PJ4）、对组织来说每个出资者地位都是平等的（PJ5）、组织资金使用计划符合多数出资者意愿（PJ6）、我觉得组织所给的资金使用过程和结果有关的信息非常可靠且内容合理（IJ3）。

根据提取结果，出资者财务公平感知包含财务结果公平、财务程序公平和财务信息公平三个维度。经过剔除，这三个维度分别留下 2、3、3 个测项，共计 8 项，具体为资金使用领域和效果能够达到您的预期目标（DJ1）、组织资金的经济效益或社会效益超过同行业其他组织或营利部门同业组织（DJ2）、组织能够按照有关规章与约定使用资金（PJ1）、组织资金的来源与使用公开且透明（PJ2）、组织能够很好地执行相关财务会计制度（PJ3）、组织能够给我提供关于资金用途的详细信息（IJ1）、组织能够给我提供资金使用程序和过程的相关信息（IJ2）和组织很关心我对资金使用的想法，并能够积极主动与我沟通（IJ4）。观其内容，从财务结果公平测项变化来看，较之于资金具体管理事项和受资者获取资金后对资金的使用过程与效果而言，出资者更为关注资金使用领域和使用效果同预期目标以及同业其他组织的比较状况；对于财务程序，出资人关心的是资金是否按照有关规章制度和事先约定使用，资金来源和使用是否公开透明，而不是自己能否亲自参与资金使用细则的制定过程，也不是其他出资人意愿和各出资者地位是否平等；对于财务信息，出资者主要在乎组织是否能够积极主动提供资金用途和使用过程的有关信息，而财务信息的可靠合理性则相对受到较少关注。这些均与我国目前实际相符。目前我国非营利组织虽然受到越来越多关注，但总体发展水平仍不是很高，组织外部利益相关者对内部运行过程参与较少，他们在意的往往是非营利组织是否具有违规财务行为，资金是否按照自己要求进行安排，组织是否能够及时披露财务信息，资金是否发放到了约定的受赠者手中。受专业水平和时间精力约束，出资人对组织内部财务管理事项、资金发放到受资者之后的具体分配状况及受资者如何使用、财务规则制定过程、财务信息明细状况等并没有足够时间和能力进行参与并做出正确判断，尤其对于零散的个人出资者而言更是如此。而且，由于非营利组织出资者并不拥有类似于企业出资者的相应权益，所以他们并不会将自己在出资者当中的地位以及其他出资者意愿作为考量因素。

第二，对提取因子后生成的非营利组织出资者财务公平新量表进行信效度检验，结果如表 7.1 所示。

表 7.1　　　　　　　　　　　财务公平量表信度和效度分析

维度	测项	KMO 值	因子载荷	解释总方差	信度
财务结果公平	DJ1		0.796		0.759
	DJ2		0.897		
财务程序公平	PJ1	0.800	0.823	83.58%	0.915
	PJ2		0.902		
	PJ3		0.897		
财务信息公平	IJ1		0.922		0.897
	IJ2		0.929		
	IJ4		0.690		

可见，剔除之后形成的新量表三个维度 α 系数分别为财务结果公平 0.759、财务程序公平 0.915、财务信息公平 0.897，KMO 值大于 0.7，因子载荷皆大于 0.6，信效度均良好。

第三，对捐赠意愿量表进行探索性因子分析并检验其信度效度，结果显示，该量表 KOM 值为 0.732，大于 0.7。您愿意向您选定的非营利组织捐赠（DW1）、您下次还愿意向您选定的非营利组织捐赠（DW2）、您不会停止向您曾捐赠过的非营利组织捐赠（DW3）和您愿意推荐别人向您选定的非营利组织捐赠（DW4）四个测项的因子载荷分别为 0.902、0.904、0.819 和 0.874。量表的解释总方差为 76.63%，α 系数为 0.897。量表具有良好的信度和效度。

第四，运用 AMOS21.0 进行验证性因子分析，结果表明，$\chi^2/df = 2.510$（$p < 0.001$），TLI = 0.928，CFI = 0.953，多数指标符合良好模型的要求，模型拟合优度较好，结果如表 7.2 所示。

表 7.2　　　　　　　　　　　　　模型拟合优度指数

	X^2/df	RMR	IFI	TLI	GFI	CFI	RMSEA
标准值	≤3	<0.05	>0.9	>0.9	>0.9	>0.9	<0.08
模型	2.510	0.063	0.954	0.928	0.902	0.953	0.097
拟合判断	达标	未达标	达标	达标	达标	达标	未达标

③研究对象。通过向曾有过捐赠经历的个人发放问卷进行调查。共发放问卷 389 份，剔除作答时间不合理、规律作答、不完整作答等异常问卷，收回有效问卷 311 份。有效样本的主要基本信息如表 7.3 所示。

在被调查对象中，男女比例相当，年龄集中于 20～40 岁之间，大部分人没有较长时间的海外生活经历，中共党员居多，汉族居多，收入分布相对均匀。

表7.3 样本的基本特征统计

类别	变量取值	频数	百分比%	类别	变量取值	频数	百分比%
性别	男	145	46.62	有宗教信仰	是	28	9
	女	166	53.38		否	283	91
年龄	20 岁及以下	4	1.29	个人上个月收入	1000 元及以下	56	18.01
	21~30 岁	108	34.73		1001~2000 元	11	3.54
	31~40 岁	156	50.16		2001~3000 元	24	7.72
	41~50 岁	33	10.61		3001~5000 元	89	28.62
	50 岁以上	10	3.21		5001~8000 元	60	19.29
在海外生活3 个月以上	是	44	14.15		8001~10000 元	32	10.29
	否	267	85.85		10000 元以上	39	12.54
政治面貌	中共党员	161	51.77	家庭年收入	3 万元及以下	24	7.72
	共青团员	47	15.11		3 万~5 万元	34	10.93
	民主党派成员	7	2.25		5 万~8 万元	53	17.04
	群众	96	30.87		8 万~10 万元	56	18.01
教育程度	硕士及以上	155	49.84		10 万~20 万元	87	27.97
	本科	117	37.62		20 万元以上	57	18.33
	专科	20	6.43	过去一年捐赠频率	1 次	158	50.8
	高中及以下	19	6.11		2 次	75	24.12
职业	政府或事业单位人员	124	39.87		3 次	46	14.79
	学生	56	18.01		4 次及以上	32	10.29
	企业人员	91	29.26	所在地区	安徽省	130	41.80
	自由职业者	21	6.75		山西省	30	9.65
	其他	19	6.11		浙江省	17	5.47
民族	汉族	295	94.86		湖北省	14	4.50
	其他	16	5.14		其他	120	38.58

④研究工具。根据预测试结果，在经过剔除后，得出研究用正式量表。该量表由控制变量与财务公平量表、捐赠意愿量表共同构成。控制变量为捐赠者基本特征，财务公平量表分为三个维度，财务结果公平维度有两个测项 DJ1 和 DJ2，财务程序公平维度有三个测项 PJ1、PJ2 和 PJ3，财务信息公平维度有三个测项 IJ1、IJ2 和 IJ4。捐赠意愿量表有 4 个测项，DW1、DW2、DW3、DW4。使用此量表对个人捐赠者财务公平感知对捐赠意向影响进行分析。

（3）数据分析与结果。

①测量模型。运用 AMOS21.0 进行验证性因子分析，结果表明，$\chi^2/df = 2.776$（$p < 0.001$），TLI $= 0.961$，CFI $= 0.974$，RMSEA $= 0.076$，模型拟合优度较好，结果如表 7.4 所示。

表 7.4　　　　　　　　　　　　　模型拟合优度指数

	X^2/df	RMR	IFI	TLI	GFI	CFI	RMSEA
标准值	≤3	<0.05	>0.9	>0.9	>0.9	>0.9	<0.08
模型	2.776	0.044	0.974	0.961	0.936	0.974	0.076
拟合判断	达标	达标	达标	达标	达标	达标	达标

②探索性因子分析与信效度检验。使用 SPSS21.0 和 AMOS21.0 软件对测量模型进行探索性因子分析和验证性因子分析，通过内部一致性系数来检验信度，通过因子复合信度（CR）和平均变异萃取量（AVE）判断收敛效度，使用潜变量 AVE 值的平方根同潜变量之间相关系数的比较判断区别效度。

分析结果显示，KMO 值为 0.876，大于 0.7，所有测项的因子载荷都大于 0.7，4 个因子的 CR 值都大于 0.7，各潜变量的 AVE 都大于 0.6，各因子具有良好的收敛效度。所有潜变量 AVE 平方根都大于它们和其他潜变量间相关系数，故各潜变量之间区分效度较好。具体结果如表 7.5、表 7.6 所示。

表7.5　　　　　　　　　　　验证性因子分析结果

维度	测项	因子载荷	CR	信度
财务结果公平	DJ1	0.836[a]	0.78	0.777
	DJ2	0.761 ***		
财务程序公平	PJ1	0.867[a]	0.9036	0.903
	PJ2	0.872 ***		
	PJ3	0.871 ***		
财务信息公平	IJ1	0.942[a]	0.9199	0.914
	IJ2	0.950 ***		
	IJ4	0.773 ***		
捐赠意愿	DW1	0.919[a]	0.9113	0.918
	DW2	0.945 ***		
	DW3	0.754 ***		
	DW4	0.765 ***		

注：*** 表示因子载荷在0.001的显著性水平上显著，a 表示因子载荷默认为1的测项。

表7.6　　　　　　　　潜变量相关系数和信度系数一览

变量	AVE	IJ	PJ	DJ	DW
IJ	0.7944	0.8913			
PJ	0.7575	0.621	0.8703		
DJ	0.6398	0.531	0.730	0.7999	
DW	0.722	0.471	0.525	0.549	0.8497

注：对角线数据为各因子 AVE 的平方根值。

③路径系数验证分析。对结构模型路径系数做统计显著性检验以检测估计参数是否具有统计意义。模型路径系数估计值如表7.7所示。结果表明，非营利组织财务程序公平对个人捐赠意愿的影响不显著。

表7.7 模型路径系数估计

未标准化路径系数估计	S. E.	C. R.	显著性	标准化路径系数估计
捐赠意向 <--- 结果公平	0.095	4.174	***	0.398
捐赠意向 <--- 程序公平	0.074	1.230	0.219	0.091
捐赠意向 <--- 信息公平	0.047	2.885	***	0.137
结果公平 <--- 程序公平	0.060	7.623	***	0.455
结果公平 <--- 信息公平	0.045	2.988	***	0.135
程序公平 <--- 信息公平	0.047	10.929	***	0.513

注:"***"表示在显著性水平为 0.01 的情况下显著。

根据检验结果,财务结果公平和财务信息公平对捐赠意愿均存在显著的正向影响,路径系数分别是 0.398(P<0.01)和 0.137(P<0.01),假设 1 和假设 3 成立。财务程序公平对捐赠意愿的直接影响不显著,路径系数为 0.091(P=0.219),假设 2 不成立。财务程序公平对财务结果公平、财务信息公平对财务结果公平和财务程序公平也存在显著正向影响,路径系数分别为 0.455(P<0.01)、0.135(P<0.01)和 0.513(P<0.01),假设 4、假设 5、假设 6 得到验证。

(4)模型修正。

经过分析可知,财务程序公平对捐赠意愿的影响主要为间接影响,直接影响不显著。因此,将模型予以修正,删去财务程序公平对捐赠意愿的影响,得出新的模型,如图 7.2 所示。

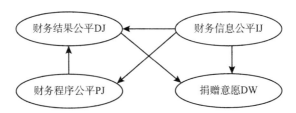

图 7.2 修正后的非营利组织个人出资者财务公平感知与捐赠意愿模型

对新模型进行参数估计与模型拟合。结果如表 7.8 所示,结构方程模型拟合指数均达标准水平，模型拟合度良好，可用来验证研究假设。模型拟合优度指数与路径系数估计如表7.8和表7.9所示。

表7.8　　　　　　　　　　　　模型拟合优度指数

	X^2/df	SRMR	IFI	TLI	GFI	CFI	RMSEA
标准值	≤3	<0.05	>0.9	>0.9	>0.9	>0.9	<0.08
模型	2.095	0.047	0.984	0.976	0.952	0.983	0.059
拟合判断	达标	达标	达标	达标	达标	达标	达标

表7.9　　　　　　　　　　　　模型路径系数估计

未标准化路径系数估计	S. E.	C. R.	显著性	标准化路径系数估计
捐赠意向 <--- 结果公平	0.078	6.069	***	0.475
捐赠意向 <--- 信息公平	0.045	3.462	***	0.156
结果公平 <--- 程序公平	0.059	7.918	***	0.466
结果公平 <--- 信息公平	0.045	2.899	***	0.130
程序公平 <--- 信息公平	0.047	10.941	***	0.513

注："***"表示在显著性水平为0.01的情况下显著。

采用结构方程模型对该新模型的路径进行检验，拟合度指标均在可接受范围之内，拟合效果较好。根据检验结果，财务结果公平和财务信息公平对捐赠意愿均存在显著的正向影响，路径系数分别为0.475（P<0.01）和0.156（P<0.01），假设1和假设3成立。财务程序公平和财务信息公平对财务结果公平、财务信息公平对财务程序公平均存在显著正向影响，路径系数分别为0.466（P<0.01）、0.130（P<0.01）和0.513（P<0.01），假设4、假设5、假设6得到验证。

（5）讨论与结论。

长期以来，资金不足一直是制约非营利组织发展的主要问题之一，捐赠作为主要资金来源，关系到组织能否顺利高效开展项目并实现可持续发展。个人捐赠者是非营利组织资金的主要来源之一，其捐赠意愿直接影响到组织所获资金数量。财务公平感知作为捐赠意愿的主要影响因素，其各个维度对捐赠意愿均产生重要作用。

首先，从个人捐赠者财务公平感知测项的选择可以看出，捐赠者对非营利组织的财务公平感知与非营利组织自身对财务公平的理解是存在差异的。具体而言，捐赠者对财务公平的感知主要聚焦于非营利组织能否主动公布财务信息，组织资金使用能否遵守规章，是否能够达到总体的预想目标等几个方面，而对于很多与资金使用效果相关的较为详细和专业的因素则关注较少，如受资者之间资金分配状况、财务规则制定过程、组织财务风险的衡量等。这表明作为缺乏专业财务知识的个人捐赠者对财务公平不同维度的重视程度是不同的。在现实中，捐赠者对非营利组织财务公平感知度的降低，导致很多人对非营利组织不信任，甚至绕过非营利组织，选择其他平台如网络众筹等将资金捐赠给受赠者。在这种背景下，非营利组织除了完善自身涉及财务程序公平、财务结果公平和财务信息公平的各个方面外，还要从捐赠者的角度，及时发布各种财务信息，增强捐赠者的财务公平感知，提升非营利组织的信誉。

其次，研究结果表明，个人捐赠者对非营利组织的财务信息公平、财务程序公平和财务结果公平感知对其捐赠意愿的影响程度和影响路径都是存在差异的。从直接影响看，个人捐赠者的非营利组织财务信息公平感知和财务结果公平感知对其捐赠意愿具有直接的正向影响，且财务结果公平感知比财务信息公平感知对个人捐赠意愿的直接影响更大，而财务程序公平感知对个人捐赠意愿并不产生直接影响。从间接影响看，个人的财务信息公平感知对其捐赠意愿的间接影响有两条路径：一条是财务信息公平感知通过财务结果公平感知正向影响个人对非营利组织的捐赠意愿，另一条是财务信息公平感知通过财务程序公平感知影响财务结果公平感知，并最终影响个人对非营利组织的捐赠意愿。而财务程序公平对个人的非营利组织捐赠意愿的间接影响只有一条路径，即通过对个人的财务结果公平感知发生作用间接影响个人的非营利组织捐赠意愿。因此，非营利组织在募捐过程中，须将对捐赠者捐赠意愿及行为影响更大的因素优先考虑。

最后，关于个人捐赠者财务公平感知对非营利组织捐赠意愿的研究，未来将更加精细化。学者们在研究捐赠者财务公平感知对非营利组织捐赠意愿的影响时，可能会更多考虑一些控制变量或者调节变量。例如，具有不同捐赠动机的个体，面对相同事实，财务公平主观感知却可能各不相同，对捐赠意愿的影响也相应不同。基于利他动机和个人自身声誉需求的捐赠者对受赠非营利组织的财务事项关注重点的差异将导致他们财务公平感知及捐赠意愿的区别；具有不同捐赠经历的捐赠者财务公平主观感知度也会有所不同。持续关注并捐赠予同一非营利组织的个体对组织财务特征会更加了解，对组织财务事项会更加熟悉，因此，较之偶尔进行捐赠的个体，他们的财务公平感知关注点就会有所差别，对捐赠意愿的影响也就会不同。

7.1.2.2　财务公平感知下非营利组织如何协调与个人捐赠者关系

对外公开募集资金的非营利组织应妥善处理和协调与个人捐赠者之间的关系，在合法合理范围内充分照顾出资者利益，在资金使用中严格把关，提升资金效益，规范使用程序，并将有关财务信息以各种易得渠道及时予以公布。唯此，才能让更多出资人满意，吸引到更多捐资。

（1）关注捐资动机，提升财务效益。

非营利组织出资者要求资金使用领域和效果能够达到预期目标，实现一定的经济效益与社会效益。捐赠者的捐赠动机相去甚远，有些是基于单纯的利他主义精神，有些是基于宗教信仰，有些是为获取社会地位和名誉，有些是基于对本土的感情，或是为了对亲人或挚友的纪念，有些是为了支持自己崇尚的教育、医疗保健、体育或其他事业，有些是为了留名后世，还有些是为了忏悔、赎罪或寄托哀伤，而有些则是为自己的不良名声"涂脂抹粉"。目的不同的捐赠者们对所捐资金的预期目标也各不相同。组织应洞察了解出资人的目标差异，有的放矢，有针对性地安排资金以使对方满意。经济效益的追求是非营利组织资金使用的一个方面，出资方期盼的社会效益能否达成也同样重要。

非营利组织财务资金效益受到很多因素影响，其衡量指标体系目前尚未形成共识。组织财务绩效受到理事会、组织关系能力、财务管理水平等诸多因素影响。非营利组织理事会规模越大，财务绩效及筹资能力越好（颜克高，2012），筹资绩效、管理绩效和业务活动绩效就越能得到显著提高（张立民和李晗，2013）。理事会个人控制化问题会对非营利组织财务绩效产生不利影响（田凯，2009）。非营利组织的关系能力会显著提高组织财务绩效，信息披露机制在其中起着明显调节作用（程博，2012）。由此可见，公平视域下财务治理与财务管理等客观财务公平的实现能够提升利益相关者的主观财务公平感知，主客观财务公平具有内在一致性。对非营利组织财务效益的衡量，学者们基于各种视角采用不同的方法和指标体系对其进行判断。丁云青（2014）基于利益相关者理论构建出非营利组织财务绩效评价指标体系，为不同主体提供了评价财务业绩的有效工具。夏小丹（2015）以壹基金为例构建出包括筹资能力、价值创造、资金配置效率和预算管理水平在内的非营利组织财务绩效评价指标。在对组织财务效益进行评价时，需结合分析目的，厘清信息需求者真实需要，选择更能反映其目标的适当财务指标。个人捐赠者更为关心的是资金流向与合规性，关注预期目标的实现。组织在向其汇报业绩时需将实际执行状况与预期进行对比，选用恰当的财务指标进行反映。

（2）规范资金流程，公开财务信息。

规范的资金管理流程是非营利组织实现财务结果公平的先决条件，是资金管理的一项重要内容。在组织中，从资金筹集开始到资金发放与使用，都应该严格遵守相关制度与规定，认真做好记录工作，明确每一笔资金的来源与去向，做到账目清晰，为信息披露奠定基础。资金流程不规范往往在领导者权力过于集中时或者在家庭基金会中表现较为明显。胡曼丽事件就是领导人权力集中的典型代表。此时应通过更加科学合理的财务治理模式与财务管理方法来制约权力者行为，建立必要的制衡机制。对于家庭基金会，可借鉴国外对此问题的有益做法。由于家庭基金会中，一般而言，捐赠者是公益机构人事的核心与起点，他们拥有绝对话语权。大咖们的脾性能力、家族等个人事项对其所创基金会皆能产生或好或坏的深远影响。基金会财务容易受到与捐赠者密切相关的裙带关系影响，尤其是家族其他成员在基金会管理层中任职的情况下尤其如此。于是，社区基金会应运而生。社区基金会由戈夫

（Goff）提出，他建立了工作模型，并于 1914 年将其付诸实践。此类基金会由地方知名人士领导，有权接受捐款，并实施修正信托金的目标，必要时还可将基金会调整用于更为适宜的新目的。转入基金的投资金额，交给一个或数个主要的地方银行来管理。而分配这些资金产生的收入的权力则应该交给一个由当地知名人士组成的发放赞助委员会，成员应由地方领袖指定。这种基金会运作模式较好地解决了家庭基金会容易出现的资金流程规范问题。

　　公平公开的财务信息不仅直接对出资者捐赠意愿产生影响，而且还通过对财务程序公平和财务结果公平的影响间接对捐赠意愿发生作用。信息公开不仅仅需要修炼好内功，还需做好对外宣传工作。我国基金会利用媒体向社会进行募捐的第一例为 1991 年 5 月中国青基会在《人民日报》《光明日报》《人民日报海外版》《经济日报》《中国青年报》《工人日报》《中国少年报》《华声报》《初中生报》等报纸上刊登的《希望工程——为救助贫困地区失学少年募捐》广告。此后，我国非营利组织利用媒体进行信息传递的方式方法也越来越成熟多样。目前，在这个越来越追求个体个性化的时代，如何使人们在碎片化时间中更有效地接触到并能够更好理解组织意图、如何将宣传做得更能满足出资人与潜在出资人的个性化需求就显得尤为关键。非营利组织应跟上时代步伐，充分考量出资人对财务信息的各种需求及他们接触信息的各种可能方式，及时创新，做好信息传递工作。许多专业网站、微博、微信公众号、非营利组织 APP 等能够有效吸引人们的注意力，为组织包含财务信息在内的各种信息的渗透使尽了洪荒之力，并取得了一定成效，应再接再厉。

7.2　非营利组织成员财务公平
感知及其与组织关系协调

7.2.1　非营利组织成员财务公平感知

　　组织公平感知是指组织成员对组织环境的一种公平感受及其对此感受的

行为反应。其中，结果公平或者分配公平重点关注人们对分配结果是否感觉到公平，而程序公平关注人们在组织资源配置程序与决策过程中是否感觉到公平，人际公平或互动公平关注人际交往中得到的待遇是否公平，尤其是组织领导与普通员工之间的个人恭敬及礼貌待人方面的公平感知，如个人尊严及尊重程度的考虑，信息公平关注信息获取机会以及信息流畅程度方面的感知（高雪冬等，2015）。财务公平与组织公平的内容既有相互融合之处，又有诸多不同。组织公平是组织内公平感知，其主要内容结果公平或分配公平、程序公平和信息公平都与财务密切相关。员工的薪酬问题、与分配相关的财务程序及财务信息的沟通等都是组织公平的重要组成部分，同时也是财务公平中组织内部成员财务公平感知的主要内容。这是两者重叠之处，两者区别主要在于空间范围的不完全一致及同一范围之内涵盖内容的不完全相同。因而，作为其重要成员，非营利组织成员财务公平的研究绕不开组织公平的研究，可借鉴其中科学合理的研究方法与工具，并参考其中融合部分的研究成果。

非营利组织成员财务公平感知受到许多因素影响，也影响着组织发展的诸多方面。近些年关于公平感知的研究在我国日渐兴起，其中，组织内成员财务公平感知多涵盖于组织公平研究中。社会认同、所处情境、信息呈现顺序、框架效应、员工参与、组织交流等都会直接或者间接作用于公平感知。让组织成员切身融入决策制定或财务程序执行过程，他们就会获得更高的公平感知。同样，良好的交流与沟通也能增强组织内部成员彼此的信任感，进而提升其公平感知度（郭心毅和圣易，2015）。个人的情绪、心情和性情等情感因素也对公平感知有一定的影响，均与过程公平和结果公平相关（Barsky and Kaplan，2007）。而且，情感因素对由不公平感引发的负面情绪还具有补偿与修复作用。

员工的组织公平感知也会带来大量正面或者负面的组织效果，包含满意度、信任度、组织承诺、公民行为、组织绩效等。那么，非营利组织成员财务公平感知如何影响组织发展？应如何协调组织成员与非营利组织之间的关系呢？

7.2.2　非营利组织成员财务公平感知对组织效果的影响

7.2.2.1　理论基础与研究假设

财务公平感知是组织公平感知的重要内容，组织公平中广泛使用的 4 个维度中，除人际公平或互动公平以外，其他 3 个维度均与组织财务密切相关。财务公平是组织公平的核心内容，从现有研究来看，组织公平对各组织效果变量的影响中，财务公平的影响作用都是其主要部分。

非营利组织财务公平感知对员工的组织公民行为、组织承诺、工作满意度和离职意向等组织效果均具有一定影响。中西方学者们普遍认为，当员工具有更高程度的组织公平感知时，其工作满意度和组织承诺等都会有较高提升，也更加不愿意离开组织。程序公平与分配公平还会大范围地影响成员组织公民行为和工作态度（Colquitt et al.，2001）。依据泰勒（Thaler，1994）的工具模型，个人寻求公平是为在经济利益刺激下实现个人目标，公平感知会通过将个人输入输出比率同他人比较来促进更加积极行为的发生。分配结果的公平与分配过程的公平也会使个体感受到团队价值与认同，提升个人自尊，从而表现出更加积极的工作态度。

信息公平的实现能够保证员工对组织分配过程与结果有全面的了解，并使不同意见有畅通的表达渠道，从而为结果公平实现奠定良好基础。信息堵塞不畅将导致员工对自己所得缺乏客观评价，影响他们对自身薪资、他人薪资、自身努力程度的正确判断，对报酬、工作量与责任的比对关系不够清晰，从而影响程序公平感知和结果公平感知。财务程序公平是财务结果公平的前提条件，为保证结果公平，必须严格执行分配制度，且应是大家都认可的分配制度。因此，有如下假设：

假设 7：非营利组织员工财务信息公平正向影响财务程序公平。

假设 8：非营利组织员工财务信息公平正向影响财务结果公平。

假设 9：非营利组织员工财务程序公平正向影响财务结果公平。

工作满意度是员工总体上对工作的满意程度，包括薪酬满意度、晋升机

会满意度和工作本身满意度等。公平感知直接和间接对员工工作满意度产生
作用。程序公平与结果公平均与公平感知高度相关（高雪冬等，2015）。而
且，公平感知对员工工作满意度和组织公民行为产生正向影响，包含财务公
平在内的组织公平感知在道德领导和其下属的工作满意度之间发挥部分中介
作用，道德领导通过公平感知间接作用于属下的组织公民行为和工作满意程
度（韩亮亮和张彩悦，2015）。组织公平感知与工作满意度相关性非常强，
强烈的公平感知会带来很高的工作满意度；反之，强烈的不公平感则会导致
低水平的工作满意度（Al－Zubi，2010）。员工对工作的认可度和对自身在
工作中的被认可度以及员工对工作本身的喜爱度和工作中的快乐度都是工作
满意度的主要内容。故提出如下假设：

假设10：非营利组织员工财务信息公平正向影响其工作满意度本身。

假设11：非营利组织员工财务信息公平正向影响其薪酬满意度。

假设12：非营利组织员工财务信息公平正向影响其晋升机会满意度。

假设13：非营利组织员工财务程序公平正向影响其工作满意度本身。

假设14：非营利组织员工财务程序公平正向影响其薪酬满意度。

假设15：非营利组织员工财务程序公平正向影响其晋升机会满意度。

假设16：非营利组织员工财务结果公平正向影响其工作满意度本身。

假设17：非营利组织员工财务结果公平正向影响其薪酬满意度。

假设18：非营利组织员工财务结果公平正向影响其晋升机会满意度。

1983年，贝特曼和奥根（Bateman and Organ）正式提出组织公民行为的
概念，指出它由一系列非正式的合作行为所构成，既非出于劳动合约，也非
正式角色要求，而是有利于组织的一种角色外行为及姿态，它能整体上将组
织效能提高。组织公民行为包括良知行为、利他行为、组织认同、人际和谐
与保护自然资源等。个人公平感会对员工的组织公民行为产生一定影响
（Organ，1990）。当组织员工感到不公时，就会不断地减少其组织公民行为，
当员工感到公平时会表现出持续的组织公民行为，来回报组织（张小林和戚
振江，2001）。组织公平感知对组织公民行为产生正向影响。

沈鹏熠和张雅（2016）通过领导和员工的配对问卷调查，研究了非营利
组织员工工作满意度对组织承诺的影响，结果显示为正向显著影响，而且员

126

工的工作满意度和组织承诺对组织公民行为均产生积极影响。汪丽（2010）通过系统的探索性分析和验证性分析得出，工作满意度与组织公民行为之间显著正相关。在非营利组织中，员工在工作中的快乐感、满足感与被赏识会促进其更加积极努力的工作，去完成一些非正式契约行为，反之则相反。组织公民行为可以是对组织产生有利影响的组织认同行为，也可以是利用职位谋取个人利益、私用组织共有资源等组织破坏行为。员工工作满意度越高，工作情绪越积极，越容易从事利于组织的行为及利他行为（张小林和戚振江，2001）。故有如下假设：

假设 19：非营利组织员工薪酬满意度正向影响其组织认同感。

假设 20：非营利组织员工薪酬满意度正向影响其利他行为。

假设 21：非营利组织员工薪酬满意度正向影响其良知行为。

假设 22：非营利组织员工薪酬满意度正向影响人际和谐。

假设 23：非营利组织员工薪酬满意度正向影响保护组织资源行为。

假设 24：非营利组织员工晋升机会满意度正向影响其组织认同感。

假设 25：非营利组织员工晋升机会满意度正向影响其利他行为。

假设 26：非营利组织员工晋升机会满意度正向影响其良知行为。

假设 27：非营利组织员工晋升机会满意度正向影响人际和谐。

假设 28：非营利组织员工晋升机会满意度正向影响保护组织资源行为。

假设 29：非营利组织员工工作本身满意度正向影响其组织认同感。

假设 30：非营利组织员工工作本身满意度正向影响其利他行为。

假设 31：非营利组织员工工作本身满意度正向影响其良知行为。

假设 32：非营利组织员工工作本身满意度正向影响人际和谐。

假设 33：非营利组织员工工作本身满意度正向影响保护组织资源行为。

组织承诺也被称为组织归属感、组织忠诚等，是指个体认同并参与一个组织的强度，是一种心理合约，而非书面合同，它规定了正式合同无法规定的职业角色外行为，包括持续承诺、情感承诺和规范承诺。贝克尔 1960 年提出这一概念时，将其看作是员工因对组织投入增加而不得不继续留任其中的一种心理现象，包括离职损失与可选工作机会的缺乏。组织承诺分为态度承诺和权衡承诺。程序公平和结果公平都能引发组织支持感的产生，而组织支持感会对组织承诺起到中介传导作用（蒋春燕，2007）。组织公平也通过工作满意度影响着组织承诺。组织工作满意度是影响组织承诺的主要因素之一，与组织承诺之间存在显著的相关关系（凌玲和凌红，2009；匡萍波和凌玲，2009）。具有较高满意度的员工会更加忠实于组织，不会频繁跳槽，并从工作中获得更多快乐，他们从情感上更加依赖于现有组织，认为一旦离开将可能意味着大量的个人牺牲，可选择性较少。故有如下假设：

假设34：非营利组织员工工作满意度本身正向影响其持续承诺。

假设35：非营利组织员工工作满意度本身正向影响其情感承诺。

假设36：非营利组织员工工作满意度本身正向影响其规范承诺。

假设37：非营利组织员工薪酬满意度正向影响其持续承诺。

假设38：非营利组织员工薪酬满意度正向影响其情感承诺。

假设39：非营利组织员工薪酬满意度正向影响其规范承诺。

假设40：非营利组织员工晋升机会满意度正向影响其持续承诺。

假设41：非营利组织员工晋升机会满意度正向影响其情感承诺。

假设42：非营利组织员工晋升机会满意度正向影响其规范承诺。

公平感知经由组织承诺和工作满意度对员工公民行为产生影响。组织承诺对公民行为的影响显著（王颖和张生太，2008）。组织公平和组织公民行为正相关，组织承诺和组织公民行为正相关，且在组织公平与公民行为中起到中介变量的作用（严丹和张立军，2010）。关于组织承诺对组织公民行为的影响，约翰逊和常（Johnson and Chung，2006）通过研究发现，共享群体取向聚焦点以及群体目标与规范内化使得情感承诺与群体型自我意象显著相关；持续承诺与个体型自我意象存在相关性，因为员工会为避免消极结果而关注与维护个体投资利益；自我意象为组织承诺和组织公民行为之间的缓冲变量。在情感上对组织依赖感的增强和在价值观上对组织忠诚度的认同会增加员工的组织认同感，促进其利他行为和良知行为的达成，有利于组织内部人际和谐，同时也会减少他们的组织破坏行为。根据肖尔和韦恩（Shore and Wagne，1993）的研究，组织公民行为与情感承诺、组织支持知觉正相关，与持续承诺负相关。因此得出如下假设：

假设43：非营利组织员工持续承诺负向影响其组织认同感。

假设44：非营利组织员工持续承诺负向影响其利他行为。

假设45：非营利组织员工持续承诺负向影响其良知行为。

假设46：非营利组织员工持续承诺负向影响人际和谐。

假设47：非营利组织员工持续承诺负向影响保护组织资源行为。

假设48：非营利组织员工情感承诺正向影响其组织认同感。

假设49：非营利组织员工情感承诺正向影响其利他行为。

假设50：非营利组织员工情感承诺正向影响其良知行为。

假设51：非营利组织员工情感承诺正向影响人际和谐。

假设52：非营利组织员工情感承诺正向影响保护组织资源行为。

假设53：非营利组织员工规范承诺正向影响其组织认同感。

假设54：非营利组织员工规范承诺正向影响其利他行为。

假设55：非营利组织员工规范承诺正向影响其良知行为。

假设56：非营利组织员工规范承诺正向影响人际和谐。

假设57：非营利组织员工规范承诺正向影响保护组织资源行为。

7.2.2.2 研究方法与设计

（1）量表开发。

在对非营利组织内部成员财务公平感知进行研究时，依然选用了前述科尔奎特（2001）的公平感知量表，剔除其中与财务事项无关的人际公平维度，使用贴合财务公平的分配、程序和信息公平三个维度，分别通过薪酬福利合理性、报酬与工作量的对应关系、分配制度的制定与执行、财务信息的沟通等方面的16个测项考量财务分配公平、财务程序公平和财务信息公平。这三个分量表的内部一致性系数分别为0.85、0.78和0.83。

组织效果的三个维度公民行为、组织承诺和工作满意度针对已有成果与现实状况分别选用适合的量表。组织公民行为维度选用樊景立等（1997）的五级量表。该量表将组织效果分为组织认同（identification with the company）、利他行为（altruism toward colleagues）、良知行为（conscientiousness）、人际和谐（interpersonal harmony）与保护组织资源（protecting company resources）五个维度，每个维度分别有3~5个题项，合计20个测项，其内部一致性系数分别为 0.87、0.87、0.82、0.86 和 0.81。

组织承诺选用艾伦（Allen，1990）使用的量表，该量表将组织承诺分为情感承诺（ACS）、持续承诺（CCS）和规范承诺（NCS），每项分别有 8 题，共 24 个测项，从员工对组织的情感和依赖程度等视角衡量个人与组织之间的忠诚度等承诺。这三个分量表的内部一致性系数分别为 0.87、0.75 和 0.79。

工作满意度量表源于斯佩克特（Spector，1985）开发使用的 9 维度量表。原量表的 9 个维度分别是薪酬满意度（pay）、晋升机会满意度（promotion）、监管满意度或主管领导满意度（supervision）、福利待遇满意度（benefits）、回报满意度（contingent rewards）、工作程序满意度（operating procedures）、同事满意度（co-workers）、工作本身满意度（nature of work）和沟通满意度（communication）。每个维度各 4 个测项，合计 36 个测项。我国学者杨玉文等（2010）通过验证性因子分析，对包含上述量表在内的 4 个工作满意度量表在中国的适用性进行分析认为，该量表整体结构效度比较差，有两个分量表由于可靠性较低而不能够适用于中国员工工作满意度调查，薪酬满意度、同事满意度、工作本身满意度、晋升机会满意度及监管满意度则可以用来测量中国员工的工作满意度。然而同事满意度量表在具体使用过程中仍有测项需考虑到不同的文化背景，需进行修正。因而，在进行我国非营利组织员工工作满意度测量时，依据适应状况及测项内容，剔除不适于我国员工的分量表及有待修正的同事满意度量表，剔除测项内容与财务事项无关的监管满意度分量表，最终形成一个包括薪酬满意度、晋升机会满意度和工作本身满意度在内的 3 维度 12 题项量表。

研究表明，组织员工的一些个人特征如性别、年龄、工龄、职位、学历、婚姻的状况等变量都会对组织公平感知及组织承诺、离职意向等组织效果变量产生差异性影响（田辉，2014）。因此，在量表内容之前设置了若干相关统计变量作为控制变量。

（2）量表预测试。

首先发放 300 份问卷进行预测试。剔除作答时间异常、规律作答和未完成问卷后，得到有效问卷 260 份。对预测试数据进行探索性因子分析，剔除因子载荷小于 0.6 以及存在交叉负载的测项，并进行信度效度检验，以形成最终量表。

①组织公民行为量表。对出资者财务公平量表做探索性因子分析，取两个因子，剔除因子载荷小于0.6的测项及存在交叉负载的测项。

经过提取与筛选，得到两个因子：组织破坏（OD）和组织认同（IC）。组织破坏维度包括的选项有采用有损于组织人际和谐的不正当策略谋取个人利益（IH1），利用职位权力谋取个人利益（IH2），斤斤计较、争功诿过、不惜抗争以获得个人利益（IH3），经常在背后讲同事或领导的坏话（IH4），工作时间做私事，如炒股、购物、理发等（PR1），利用组织资源办私事如私自使用单位电脑、复印机、电话等（PR2），假借生病作为请假理由（PR3）。该维度中测项均为组织员工对组织利益的破坏，以各种损害组织利益的方式谋取个人私利或者破坏团结，是原量表中的人际和谐与资源保护维度的结合。组织认同维度包括我愿意站出来维护组织声誉（IC1），我很渴望对外澄清误解、传递组织的好消息（IC2），为组织运营提出建设性建议（IC3）和积极参加组织会议（IC4）。

对因子分析后提取的新量表做进一步分析，结果如表7.10所示。量表的KOM值为0.904，大于0.7，解释总方差为68.284%，因子载荷均大于0.6，两个维度的内部一致性系数分别为0.933和0.797，信度以及效度都比较好。

表7.10　　　　　　　　组织公民行为量表信度和效度分析

维度	测项	KMO值	因子载荷	解释总方差	信度
组织破坏（OD）	IH1		0.843		
	IH2		0.846		
	IH3		0.862		
	IH4		0.865		0.933
	PR1		0.801		
	PR2	0.904	0.807	68.284%	
	PR3		0.828		
组织认同（IC）	IC1		0.826		
	IC2		0.785		0.797
	IC3		0.788		
	IC4		0.721		

②组织承诺量表。使用探索性因子法分析组织承诺量表，提取三个因子，将因子载荷小于0.6及存在交叉负载的测项剔除。

经过筛选后，组织承诺量表由情感承诺（ACS）、持续承诺（CCS）和规范承诺（NCS）三个维度组成。情感承诺维度包括2个测项：我好像不是组织大家庭的一部分（ACS6）、我在情感上不依附于组织（ACS7）；持续承诺维度包括3个测项：如果现在离开组织，我的生活就会陷入混乱（CCS2），缺乏可选择性是离开组织的几个严重后果之一（CCS5），我持续为组织工作的一个主要原因是离开意味着大量的个人牺牲——其他组织无法提供现有数量的收益（CCS6）；规范承诺维度包括3个测项：我持续为组织工作的一个主要原因是我认为忠诚很重要，应履行道德责任（NCS2），应持有忠实于组织的价值观（NCS4），在一个组织度过职业生涯的大部分时间会更好（NCS5）。

对因子分析后提取的新量表做进一步分析，结果如表7.11所示。量表的KOM值为0.735，大于0.7，解释总方差为74.266%，因子载荷均大于0.7，三个维度内部一致性系数分别为0.785、0.761和0.773，信度和效度都比较好。

表7.11 组织承诺量表信度和效度分析

维度	测项	KMO 值	因子载荷	解释总方差	信度
情感承诺（ACS）	ACS6		0.881		0.785
	ACS7		0.902		
持续承诺（CCS）	CCS2		0.726		0.761
	CCS5	0.735	0.857	74.266%	
	CCS6		0.823		
规范承诺（NCS）	NCS2		0.821		0.773
	NCS4		0.820		
	NCS5		0.739		

③工作满意度量表。对工作满意度公平量表做探索性因子分析，提取两

个因子，将因子载荷小于 0.6 以及存在交叉负载的测项予以剔除。

在筛选过程中，有 5 个选项被剔除，分别为工作做得好，晋升机会就多（PN1），人们在组织中像在其他地方一样晋升很快（PN2），我认为我的薪酬与工作量相符（PY1），我对加薪可能性感到满意（PY2）和加薪间隔时间长、加薪少（PY3）。剩余测项被分为两个维度：第一维度有 2 个选项：我喜欢做工作中要做的事情（NW1）、我的工作是快乐的（NW2）；第二个维度有 5 个选项：有时我感到工作没有意义（NW3）、我常常觉得不知道组织以后会怎样（NW4）、我的薪酬说明我并未被赏识（PY4）、我工作中的晋升机会太少了（PN3）、我们并未获得应得利益（PN4）。将这三个维度分别称作工作本身满意度（NW）、薪酬满意度（PY）、工作认可度（WA）。其中，工作本身满意度和薪酬满意度与原量表一致，表示员工对待工作本身和薪酬的态度。工作认可度指员工对工作的认可程度及自己在工作中的被认可程度。

对因子分析后提取的新量表做进一步分析，结果如表 7.12 所示。量表的 KOM 值为 0.849，大于 0.7，解释总方差为 74.869%，因子载荷均大于 0.7，两个维度内部一致性系数分别为 0.735 和 0.907，信度和效度较好。

表 7.12　　　　　　　　工作满意度量表信度和效度分析

维度	测项	KMO 值	因子载荷	解释总方差	信度
工作本身满意度（NW）	NW1		0.880		0.735
	NW2		0.848		
工作认可度（WA）	PN3	0.849	0.833	74.869%	0.907
	PN4		0.851		
	PY4		0.849		
	NW3		0.803		
	NW4		0.813		

④财务公平量表。对非营利组织员工财务公平量表进行分析，提取三个因子，剔除因子载荷小于 0.6 的测项和有交叉负载的测项。

经过筛选，非营利组织员工财务公平的三个因子分别为财务结果公平

（DJ）、财务程序公平（PJ）、财务信息公平（IJ）。财务结果公平包含 3 个测项：我的薪酬待遇和相同工作与职务的同事相比合理（DJ4），就工作量和责任而言，我所得的报酬合理（DJ5），就工作表现来看，我得到的报酬合理（DJ6）；财务程序公平包含 2 个测项：分配公开、透明（PJ2）、分配制度能得到很好执行（PJ3）；财务信息公平包含 4 个测项：对分配结果有异议时，领导会进行耐心解释（IJ1），对分配程序和过程有意见，领导会给我做全面解释（IJ2），我觉得领导对分配过程和结果的解释很有道理（IJ3），领导很关心我对分配的看法，并能及时与我进行沟通（IJ4）。

对因子分析后提取的新量表做进一步分析，结果如表 7.13 所示。量表的 KOM 值为 0.920，大于 0.7，解释总方差为 80.387%，因子载荷均大于 0.7，三个维度内部一致性系数分别为 0.857、0.836 和 0.909，信度和效度都很好。

表 7.13 员工财务公平量表信度和效度分析

维度	测项	KMO 值	因子载荷	解释总方差	信度
财务结果公平（DJ）	DJ4		0.771		0.857
	DJ5		0.807		
	DJ6		0.819		
财务程序公平（PJ）	PJ2	0.920	0.825	80.387%	0.836
	PJ3		0.747		
财务信息公平（IJ）	IJ1		0.840		0.909
	IJ2		0.805		
	IJ3		0.737		
	IJ4		0.738		

⑤模型 EFA 分析。运用 AMOS21.0 进行一阶因子基础上的验证性因子分析，结果如表 7.14 所示，$\chi^2/df = 1.918$（p < 0.001），TLI = 0.934，CFI = 0.943，RMSEA = 0.048，模型指标多数符合良好模型要求，拟合度较好。

表 7.14 　　　　　　　　　　　　一阶模型拟合优度指数

	X^2/df	IFI	RMR	RMSEA	GFI	CFI	TLI
标准值	≤3	>0.9	<0.05	<0.08	>0.9	>0.9	>0.9
模型	1.918	0.944	0.051	0.048	0.868	0.943	0.934
拟合判断	达标	达标	未达标	达标	未达标	达标	达标

（3）正式使用的假设。

根据预测试结果，量表维度与测项均发生了变化。有些之前假设中的维度被剔除或者被重新整合，因此，删除被筛选掉的维度，依据重新确立的量表维度整理前面的假设，得到正式分析中使用的假设。其中，在组织公民行为中，"组织破坏行为"维度整合了原"人际和谐"与"保护资源"两个维度的测项。由于这些测项均为反向题项，因此，在进行假设时，调整了假设方向，其余均保留原假设方向。新的假设列示如下：

假设 58：非营利组织员工财务信息公平正向影响财务程序公平。

假设 59：非营利组织员工财务信息公平正向影响财务结果公平。

假设 60：非营利组织员工财务程序公平正向影响财务结果公平。

假设 61：非营利组织员工财务信息公平正向影响其工作本身满意度。

假设 62：非营利组织员工财务信息公平正向影响其工作认可度。

假设 63：非营利组织员工财务程序公平正向影响其工作本身满意度。

假设 64：非营利组织员工财务程序公平正向影响其工作认可度。

假设 65：非营利组织员工财务结果公平正向影响其工作本身满意度。

假设 66：非营利组织员工财务结果公平正向影响其工作认可度。

假设 67：非营利组织员工工作本身满意度正向影响其组织认同感。

假设 68：非营利组织员工工作本身满意度负向影响其组织破坏行为。

假设 69：非营利组织员工工作认可度正向影响其组织认同感。

假设 70：非营利组织员工工作认可度负向影响其组织破坏行为。

假设 71：非营利组织员工工作本身满意度正向影响其持续承诺。

假设 72：非营利组织员工工作本身满意度正向影响其情感承诺。

假设 73：非营利组织员工工作本身满意度正向影响其规范承诺。

假设 74：非营利组织员工工作认可度正向影响其持续承诺。

假设 75：非营利组织员工工作认可度正向影响其情感承诺。

假设 76：非营利组织员工工作认可度正向影响其规范承诺。

假设 77：非营利组织员工持续承诺正向影响其组织认同感。

假设 78：非营利组织员工持续承诺负向影响其组织破坏行为。

假设 79：非营利组织员工情感承诺正向影响其组织认同感。

假设 80：非营利组织员工情感承诺负向影响其组织破坏行为。

假设 81：非营利组织员工规范承诺正向影响其组织认同感。

假设 82：非营利组织员工规范承诺负向影响其组织破坏行为。

（4）研究对象。

针对非营利组织员工进行调查。发放调查问卷 600 份，剔除作答时间异常、规律作答等无效问卷，共收回有效问卷 545 份。对有效样本进行统计性描述，基本信息如表 7.15 所示。

表 7.15　　　　　　　　　样本的基本特征统计

类别	变量取值	数量（份）	比例（%）	类别	变量取值	数量（份）	比例（%）
性别	男	310	56.88	教育程度	硕士及以上	24	4.4
	女	235	43.12		本科	336	61.65
年龄	20 岁及以下	7	1.28		专科	97	17.8
	21~30 岁	254	44.95		高中、中专、中技、职高	71	13.03
	31~40 岁	197	36.15				
	41~50 岁	73	13.39		初中及以下	17	3.12
	50 岁以上	23	4.22				
在本单位工作年限	半年以内	30	5.5	转换工作单位次数	0 次	202	37.06
	半年~1 年	27	4.95		1 次	147	26.97
	1 年~2 年	96	17.61		2 次	112	20.55
	2 年~5 年	155	28.44		3~4 次	71	13.03
	5 年以上	237	43.49		5 次及以上	13	2.39

续表

类别	变量取值	数量 （份）	比例 （%）	类别	变量取值	数量 （份）	比例 （%）
现在职位	实习生	12	2.2	婚姻状况	未婚	140	25.69
	普通员工	391	71.74		已婚	391	71.74
	分管领导	142	26.06		离异	13	2.39
有宗教 信仰	是	105	19.27		再婚	1	0.18
	否	440	80.73		丧偶	0	0

本次调查问卷在发放过程中，为使填写人员身份契合，委托专业问卷服务网站问卷星选择非营利组织内部工作人员进行作答，以确保被调查者符合问卷对角色的要求。

被调查对象年龄集中在20～40岁之间，绝大多数都是在非营利组织工作1年以上的正式员工，受教育水平集中在高中及以上，有近4成员工没有转换过工作单位，近5成员工转换工作单位次数为1次或2次，转换工作频繁者极少。

（5）研究工具。

根据预测试结果，最终确定了非营利组织员工财务公平量表、组织承诺量表、工作满意度量表和组织公民行为量表，分别有9、8、7、11个测项。如上所述，各个量表信度效度均较好。下面将以此正式量表为工具进行分析。

需要说明的是，在这些量表中，工作认可度量表、情感承诺量表和组织破坏量表三个量表均为反向问题量表。在前述假设中，各维度对组织破坏的影响均假设为负向，体现了负向指标特征。然而，与工作认可度和情感承诺相关的假设，除对组织破坏的影响外，均设为正向影响。因此，在后续路径分析中，当工作认可度或情感承诺不与其他负向指标维度同时出现时，单独考查其与正向测项维度的关系中，负值的相关系数表示正相关，正值的相关系数表示负相关。

7.2.2.3 数据分析与结果

（1）模型拟合。

将每一个细分变量纳入模型，运用 AMOS21.0 进行一阶验证性因子分析，结果显示，$\chi^2/df = 2.425$（$p < 0.001$），TLI = 0.936，CFI = 0.945，RMSEA = 0.051，各项指标基本符合良好模型要求，模型有较好拟合度，如表 7.16 所示。

表 7.16　　　　　　　　　　一阶模型拟合优度指数

	X^2/df	IFI	RMR	RMSEA	GFI	CFI	TLI
标准值	≤3	>0.9	<0.05	<0.08	>0.9	>0.9	>0.9
模型	2.425	0.945	0.051	0.051	0.881	0.945	0.936
拟合判断	达标	达标	未达标	达标	未达标	达标	达标

（2）验证性因子分析。

通过验证性因子分析考查模型量表的信效度。此处对效度的考量分为收敛效度和区别效度，收敛效度通过因子复合信度（CR）和平均变异萃取量（AVE）这两个指标一起判断，区别效度采用潜变量的 AVE 平方根同它们和其他潜变量之间相关系数的对比关系来判断。

分析结果表明，各个量表的内部一致性系数均大于 0.7，信度较好；所有测项 KMO 值大于 0.7，所有测项因子载荷大于 0.6，各潜变量 AVE 值都大于 0.5，各因子具有良好收敛效度；各潜变量 AVE 的平方根都大于它们和其他潜变量之间的相关系数，潜变量间的区分效度较好。具体如表 7.17、表 7.18 所示。

（3）路径分析。

依据上述假设与分析，可得出如图 7.3 所示的影响路径。非营利组织员工财务公平通过工作满意度影响组织公民行为，工作满意度对组织公民行为不仅具有直接影响，也通过组织承诺形成间接影响，组织承诺对组织公民行为具有直接影响。非营利组织员工财务公平直接或间接影响着工作满意度、组织承诺和组织公民行为。

表 7.17　　　　　　　　　　　　验证性因子分析结果

维度	测项	因子载荷	CR	信度
组织破坏（OD）	IH1 采用有损于组织人际和谐的不正当策略谋取个人利益	0.858[a]	0.945	0.945
	IH2 利用职位权力谋取个人利益	0.870[***]		
	IH3 斤斤计较，争功诿过，不惜抗争以获得个人利益	0.875[***]		
	IH4 经常在背后讲同事或领导的坏话	0.871[***]		
	PR1 工作时间做私事，如炒股、购物、理发等	0.804[***]		
	PR2 利用组织资源办私事，如私自使用单位电脑、复印机、电话等	0.793[***]		
	PR3 假借生病作为请假理由	0.826[***]		
组织认同（IC）	IC1 我愿意站出来维护组织声誉	0.821[a]	0.831	0.829
	IC2 我很渴望对外澄清误解，传递组织的好消息	0.768[***]		
	IC3 为组织运营提出建设性建议	0.728[***]		
	IC4 积极参加组织会议	0.647[***]		
情感承诺（ACS）	ACS6 我认为个人无须总是忠于其组织	0.884[a]	0.805	0.799
	ACS7 于我而言跳槽并非不道德	0.754[***]		
持续承诺（CCS）	CCS2 我在情感上不依附于组织	0.662[a]	0.772	0.765
	CCS5 若是辞职，即使没有新工作，我也不会担心	0.758[***]		
	CCS6 让我立即离开组织很困难，即使我想离开	0.763[***]		
规范承诺（NCS）	NCS2 离开组织代价并不高	0.723[a]	0.797	0.797
	NCS4 若离开组织，我的选择将很少	0.726[***]		
	NCS5 缺乏可选择性是离开组织的几个严重后果之一	0.807[***]		

续表

维度	测项	因子载荷	CR	信度
工作本身满意度（NW）	NW1 我喜欢做工作中要做的事情	0.728 [a]	0.7609	0.757
	NW2 我的工作是快乐的	0.837 ***		
工作认可度（WA）	PN3 我工作中的晋升机会太少了	0.873 [a]	0.9087	0.914
	PN4 我们并未获得应得利益	0.879 ***		
	PY4 我的薪酬说明我并未被赏识	0.890 ***		
	NW3 有时我感到工作没有意义	0.711 ***		
	NW4 我常常觉得不知道组织以后会怎样	0.712 ***		
财务结果公平（DJ）	DJ4 我的薪酬待遇与相同工作和职务的同事比，是合理的	0.771 [a]	0.8723	0.870
	DJ5 我所得的报酬就我的工作量和责任而言，是合理的	0.840 ***		
	DJ6 我所得到的报酬就我的工作表现而言，是合理的	0.887 ***		
财务程序公平（PJ）	PJ2 分配是公开、透明的	0.841 [a]	0.8545	0.854
	PJ3 分配制度都能得到很好地执行	0.886 ***		
财务信息公平（IJ）	IJ1 对分配结果有异议时，领导会进行耐心解释	0.838 [a]	0.9223	0.923
	IJ2 对分配程序和过程有意见，领导会给我做全面地解释	0.844 ***		
	IJ3 我觉得领导对分配过程和结果的解释很有道理	0.874 ***		
	IJ4 领导很关心我对分配的想法，并能及时与我进行沟通	0.863 ***		

注：*** 表示因子载荷在 0.001 的显著性水平上显著，a 表示因子载荷默认为 1 的测项。

表 7.18　　　　　变量相关系数、AVE 及均值一览

	均值	AVE平方根	IJ	DJ	PJ	NW	WA	CCS	ACS	NCS	OD	IC
IJ	3.5482	0.8649	**0.7481**									
DJ	3.5994	0.8340	0.764	**0.6956**								
PJ	3.6991	0.8638	0.841	0.779	**0.7461**							
NW	3.9037	0.7844	0.647	0.646	0.734	**0.6153**						
WA	2.6624	0.8173	-0.528	-0.517	-0.457	-0.508	**0.6679**					
CCS	3.3364	0.7292	0.379	0.334	0.303	0.331	-0.141	**0.5317**				
ACS	2.4046	0.8216	-0.330	-0.259	-0.291	-0.416	0.737	0.024	**0.675**			
NCS	3.9083	0.7530	0.532	0.453	0.517	0.687	-0.281	0.554	-0.307	**0.567**		
OD	1.8784	0.8433	-0.047	0.043	-0.035	-0.154	0.410	0.180	0.517	-0.155	**0.7112**	
IC	4.0252	0.7437	0.595	0.465	0.619	0.597	-0.311	0.268	-0.303	0.613	-0.206	**0.5531**

注：对角线加粗数据为各因子 AVE 平方根值。

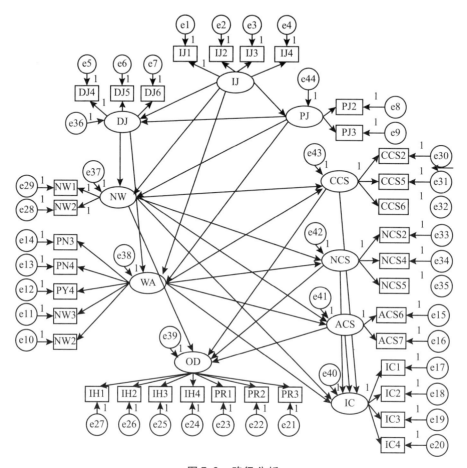

图 7.3 路径分析

利用 AMOS21.0，使用最大似然估计法进行模型参数估计和模型拟合。分析结果表明，结构方程模型的多数拟合指数都达到了标准水平，模型拟合度较好，可以用来验证研究假设。模型拟合优度指数与路径系数估计如表 7.19、表 7.20 所示。

表7.19　　　　　　　　　　模型拟合优度指数

	X^2/df	IFI	SRMR	RMSEA	GFI	CFI	TLI
标准值	≤3	>0.9	<0.05	<0.08	>0.9	>0.9	>0.9
模型	2.710	0.932	0.0623	0.056	0.865	0.931	0.924
拟合判断	达标	达标	未达标	达标	未达标	达标	达标

表7.20　　　　　　　　　　模型路径系数估计

未标准化路径系数估计	S. E.	C. R.	显著性	标准化路径系数估计
PJ <--- IJ	0.044	18.971	***	0.840
DJ <--- IJ	0.080	4.831	***	0.374
DJ <--- PJ	0.084	5.824	***	0.465
NW <--- IJ	0.065	2.807	***	0.242
WA <--- IJ	0.087	-3.696	***	-0.353
NW <--- DJ	0.052	2.207	* *	0.159
WA <--- DJ	0.070	-3.389	***	-0.272
WA <--- PJ	0.095	0.434	0.664	0.045
NW <--- PJ	0.075	4.656	***	0.455
ACS <--- NW	0.056	0.389	0.697	-0.018
NCS <--- NW	0.061	11.737	***	0.786
CCS <--- NW	0.074	7.752	***	0.510
ACS <--- WA	0.057	12.812	***	0.725
NCS <--- WA	0.035	1.915	*	0.089
CCS <--- WA	0.051	2.378	* *	0.129
OD <--- NW	0.120	3.204	***	0.319
IC <--- NW	0.090	5.266	***	0.516
OD <--- WA	0.074	2.643	***	0.196
IC <--- WA	0.055	0.987	0.324	0.071
IC <--- ACS	0.053	-1.451	0.147	-0.101
OD <--- ACS	0.074	5.231	***	0.389

未标准化路径系数估计	S. E.	C. R.	显著性	标准化路径系数估计
IC <--- NCS	0.081	3.562	***	0.285
OD <--- NCS	0.114	− 4.127	***	− 0.355
IC <--- CCS	0.043	− 2.058	* *	− 0.107
OD <--- CCS	0.057	4.375	***	0.233
IC	0.055	0.987	0.324	par_41

注：* 、** 、*** 分别表示在显著性水平为 0.1、0.05、0.01 时显著。

（4）假设检验。

①非营利组织员工财务公平感知三个维度内部影响关系。

如表 7.20 所示，非营利组织员工财务信息公平对财务程序公平有显著的正向影响（β = 0.840，P < 0.01），财务信息公平对财务结果公平有显著的正向影响（β = 0.374，P < 0.01），财务程序公平对财务结果公平有显著的正向影响（β = 0.465，P < 0.01）。因此，假设 58、假设 59 和假设 60 成立。

②非营利组织员工财务公平感知对工作满意度的影响。

非营利组织员工财务信息公平对工作本身满意度的正向影响显著（β = 0.242，P < 0.01），对工作认可度正向影响显著（β = − 0.353，P < 0.01）①；财务程序公平对工作满意度有显著正向影响（β = 0.455，P < 0.01）；财务结果公平对工作满意度有显著正向影响（β = 0.159，P < 0.05），对工作认可度有显著正向影响（β = − 0.272，P < 0.01）。因此，假设 61、假设 62、假设 63、假设 65 和假设 66 成立。

非营利组织员工财务程序公平对工作认可度不具正向影响，且影响不显著（β = 0.045，P = 0.664）。因此，假设 64 不成立。

③非营利组织员工工作满意度对组织公民行为的影响。

非营利组织中工作满意度对组织破坏行为具有显著负向影响（β =

---

① 关于路径系数正负的说明见前面研究工具与方法中的研究工具部分。

0.319, P < 0.01), 对组织认同具有显著正向影响 (β = 0.516, P < 0.01); 工作认可度对组织破坏行为具有显著负向影响 (β = 0.196, P < 0.01)。因此, 假设 67、假设 68 和假设 70 成立。

非营利组织员工工作认可度对组织认同影响的假设并未得到支持 (β = 0.071, P = 0.324)。假设 69 不成立。

④非营利组织员工工作满意度对组织承诺的影响。

非营利组织员工工作满意度对持续承诺显著正向影响 (β = 0.510, P < 0.01), 对规范承诺显著正向影响 (β = 0.786, P < 0.01); 工作认可度对情感承诺显著正向影响 (β = 0.725, P < 0.01)。假设 71、假设 73、假设 75 得到支持。

非营利组织员工工作满意度对情感承诺的影响假设未得到支持 (β = -0.018, P = 0.679), 工作认可度对持续承诺的影响假设未得到支持 (β = 0.129, P < 0.05), 影响方向不符合假设, 工作认可度对规范承诺正向影响不显著 (β = 0.089, P = 0.056)。假设 72、假设 74 和假设 76 未得到支持。

⑤非营利组织员工组织承诺对组织公民行为的影响。

非营利组织员工持续承诺对组织破坏行为具有显著负向影响 (β = 0.233, P < 0.01), 员工情感承诺对组织破坏行为具有显著负向影响 (β = 0.389, P < 0.01), 规范承诺对组织认同感具有显著正向影响 (β = 0.285, P < 0.01), 规范承诺对组织破坏行为显著负向影响 (β = -0.355, P < 0.01)。假设 78、假设 80、假设 81 和假设 82 得到支持。

非营利组织员工持续承诺对组织认同感影响的假设未得到支持, 影响方向不符 (β = -0.107, P = 0.40), 情感承诺对组织认同感影响的假设未得到支持 (β = -0.101, P = 0.147)。假设 77 和假设 79 未得到支持。

非营利组织员工财务公平感知对组织效果影响的整合模型验证结果如表 7.21 所示。

表 7. 21 理论假设模型检验结果

序号	假设	结果
假设 58	非营利组织员工财务信息公平正向影响财务程序公平	支持
假设 59	非营利组织员工财务信息公平正向影响财务结果公平	支持
假设 60	非营利组织员工财务程序公平正向影响财务结果公平	支持
假设 61	非营利组织员工财务信息公平正向影响其工作满意度本身	支持
假设 62	非营利组织员工财务信息公平正向影响其工作认可度	支持
假设 63	非营利组织员工财务程序公平正向影响其工作满意度本身	支持
假设 64	非营利组织员工财务程序公平正向影响其工作认可度	不支持
假设 65	非营利组织员工财务结果公平正向影响其工作满意度本身	支持
假设 66	非营利组织员工财务结果公平正向影响其工作认可度	支持
假设 67	非营利组织员工工作满意度本身正向影响其组织认同感	支持
假设 68	非营利组织员工工作满意度本身负向影响其组织破坏行为	支持
假设 69	非营利组织员工工作认可度正向影响其组织认同感	不支持
假设 70	非营利组织员工工作认可度负向影响其组织破坏行为	支持
假设 71	非营利组织员工工作满意度本身正向影响其持续承诺	支持
假设 72	非营利组织员工工作满意度本身正向影响其情感承诺	不支持
假设 73	非营利组织员工工作满意度本身正向影响其规范承诺	支持
假设 74	非营利组织员工工作认可度正向影响其持续承诺	不支持
假设 75	非营利组织员工工作认可度正向影响其情感承诺	支持
假设 76	非营利组织员工工作认可度正向影响其规范承诺	不支持
假设 77	非营利组织员工持续承诺正向影响其组织认同感	不支持
假设 78	非营利组织员工持续承诺负向影响其组织破坏行为	支持
假设 79	非营利组织员工情感承诺正向影响其组织认同感	不支持
假设 80	非营利组织员工情感承诺负向影响其组织破坏行为	支持
假设 81	非营利组织员工规范承诺正向影响其组织认同感	支持
假设 82	非营利组织员工规范承诺负向影响其组织破坏行为	支持

7.2.2.4　讨论与结论

（1）员工财务公平感知。

非营利组织员工对财务公平感知的维度与出资人相同，但因子筛选确定后的测项并不完全相同，这与不同利益相关者所处环境与关注点不同有关。相比之下，身为外部利益相关者的出资人对资金使用的合规性更为关心。

非营利组织员工财务公平感知中三个维度之间的影响路径与出资者财务公平相同，财务程序公平对财务结果公平具有正向影响，财务信息公平对财务程序公平和财务结果公平具有正向影响。

（2）员工财务公平对工作满意度的影响。

非营利组织员工工作满意度受到财务程序公平、财务信息公平和财务结果公平的正向影响，薪酬分配方案制定的公平与否和分配结果的公平性将直接关系员工在工作中是否感到快乐以及喜欢工作的程度。而员工对工作未来的展望和在工作中被认可的感知程度则主要受到财务信息公平和财务结果公平的正向影响。

（3）员工工作满意度对组织公民行为的影响。

非营利组织员工在工作中的被认同感知及对工作的良好预期并不能够使其为组织积极提出建设性意见并踊跃对外传递正面信息，而对工作本身的满意则能够激发员工这种愿意主动服务于组织的动力。无论是工作本身满意程度还是工作认可度，对组织破坏行为的负面影响都较显著。

（4）员工工作满意度对组织承诺的影响。

非营利组织员工若是对工作本身非常满意，则会更加忠实于组织，终身服务于现有组织的意愿更加强烈，他们认为离开现有组织后选择性较少，生活容易陷入混乱。而员工对工作的认可度及在工作中获得的认可度则会使其从情感上更加依赖组织，将自己视为组织大家庭的一部分。

（5）组织承诺对组织公民行为的影响。

非营利组织员工组织承诺作为他们对组织的一种承诺、义务和责任，使其维护组织权益，反对以牺牲组织利益来谋取个人利益的破坏行为。组织承诺的三个维度对组织破坏的负面影响均显著。而组织认同感则受到持续承诺

和规范承诺影响，情感承诺对组织认同的正向影响不显著。员工对离开现有
组织后信心的缺乏会使其更加依赖目前所在组织。

7.2.3 财务公平感知下非营利组织如何协调与组织成员关系

组织管理效率的提升一定程度上取决于管理者及普通员工的公平性感
知，公平感的培养是组织效率提升的关键。因为公平是由感受者来感知的，
所以培养公平感并非所说的那样容易（Geenberg et al.，1991）。

在财务公平感知视角下，非营利组织应建立公平薪酬管理机制，引导员
工积极参与薪酬制定过程，设计合理的监督与激励体系，做好财务信息内部
传递工作，以更好实现财务结果公平、财务程序公平与财务信息公平等。

7.2.3.1 公平薪酬管理，引导员工参与

组织依据员工所提供的服务确定其报酬形式、结构和总额的过程叫薪酬
管理，是人力资源管理内容的重要组成部分，包括薪酬标准、薪酬体制、薪
酬水平、薪酬结构和薪酬体系管理。对于领薪工作人员，薪酬的公平性是财
务结果公平的直接体现。非营利组织应实行完整健全的公平薪酬管理制度，
设计合理的员工绩效评价标准。

组织成员对于分配结果的公平感知主要源于三个方面：一是将自己的付
出与收获进行对比，考查每单位付出对应的所得大小。一般而言，若个体感
知到自身收获大于付出，工作满意度就会较高，工作态度积极。否则，就会
感觉受到了不公平对待，满意度就会降低。二是将自己的收入与组织内其他
员工相比，若同级别职务的同事们收入相差悬殊，则易产生不公平感。三是
将自己的收入与其他同业组织内完成类似工作的员工报酬相比较，若组织员
工认为自己的薪酬水平远低于外部同行业组织相似职位报酬，则易形成不公
平感知，引致跳槽行为。为此，需建立公平的薪酬管理体系以尽可能保障员
工们的财务结果公平。非营利组织薪酬制度应完成如下三个目标：一是将薪
酬与个人绩效相挂钩以实现个人公平，二是合理地确定岗位价值以实现岗位
公平，三是使组织薪酬具备一定竞争力以实现外部公平从而吸引良才。

在非营利组织公平薪酬管理中，如何对员工绩效进行评价是一个关键问题。组织应根据自身业务特点创建一个科学的绩效考核系统，确定各职位评价标准，进行职位评定，在评定中应当排除不同学历资历的各种影响，注重业绩，切实比照业绩考核标准，对员工进行客观评价。同时，在确定薪酬标准时，还应参照其他同业组织薪酬水平，避免差距过大，导致员工纷纷跳槽。为此，组织需进行薪酬市场调查，充分了解外部平均薪酬水平，确保所提供的报酬不会与市场类似组织相同职位相差甚远，可结合市场上对某类人才的供求关系最终确定。

非营利组织管理者作为组织成员，其薪酬确定也应讲求公平性。学者们对非营利组织管理者薪酬问题持有不同观点。与营利组织管理者薪酬相比，有低薪酬论、等薪酬论和高薪酬论。低薪酬论者认为，非营利组织获取相对较低的薪酬是一种劳动捐赠行为，抑或是在消费者无法正确预期服务质量时，捐赠资金被有效使用于公众服务的信号，低薪的原因可能是非营利组织所处行业为低利润行业，也可能是非营利组织缺乏适当的激励机制。等薪酬论持有者认为，非营利组织与营利性组织共同在人力资本市场上通过竞争招聘人才，薪资应由劳动市场供求关系决定，不应因组织性质不同而有所差异。高薪酬论者认为，由于非营利组织的非分配原则，组织不存在降低人力成本而增加盈余的动机，所以薪酬会较高。事实上，我国非营利组织管理者有领薪与不领薪两类。对于在非营利组织中从事专职工作并以此为主要经济来源的管理者而言，前述三种关于薪酬的分配公平感知同样适用。只有让管理者感受到收入与付出对等，收入与条件相当的其他人员对等，非营利组织方能更好留住人才。

薪酬管理不仅需要考量分配结果的公平性，引致财务结果的财务程序即薪酬确定方案与分配过程也需要尽可能顾及员工利益，鼓励员工参与薪酬分配过程，实现薪酬参与公平。非营利组织在制订薪酬方案时，应当在依据相关法律、法规及参照同业标准的同时，采取各种调查方式征求员工意见。例比，在存在薪酬委员会的大型组织中，委员会里应有一定比例席位由各级别员工代表担任，无薪酬委员会的组织在确定薪酬分派规则时可开通意见邮箱、信箱等，为员工表达自己愿望提供畅通渠道。

7.2.3.2 实施双向沟通，激励惩戒并行

非营利组织与其专职员工之间的财务关系主要表现为员工薪资及有关经济待遇问题的处理上。在员工经济利益有关的决策过程中，应建立自上而下与自下而上的双向沟通机制，做好信息传导工作。双向沟通与单向沟通的最主要区别就是具有反馈信息的传递。单向沟通中信息发布者得不到反馈，无法了解对方是否真正收到并理解信息，而信息接收方则无机会核对信息资料的正确性从而可能会产生一种不安与挫折感，容易引发抗拒心理。双向沟通中，信息发布方能够掌握接收方对信息的理解程度，看到他们对信息的反应。沟通不是上级信息的智能传话筒，上级也需要倾听来自员工的声音。因此，一方面，非营利组织应为上级有关决策信息的发布提供通畅之路；另一方面，也应为普通员工们的意见建议上传提供便利，真正做到财务信息上通下达。信息可使用多元化方式进行传递，既要有正式沟通渠道以保持管理层的严肃性、纪律性和效率性，又要有非正式沟通渠道以使交流更好进行，使员工能够更多地表达自己内心深处的真实想法，使双方能够在平等条件下畅所欲言，从而提升组织效率，促进组织内部财务关系和谐。

人们对非营利组织进行物质激励往往存在着一些误解，以为非营利一旦沾上金钱就玷污了其纯洁的光环。其实，组织的非营利目的性并不排斥其中经济激励措施的存在与效果。不能将非营利组织的非营利特性强加于组织员工。组织与员工是不同的主体。非营利组织可以采取适度的物质奖励方式来激励员工。与营利性组织一样，只要把握好"度"即可。一定范围内，非营利组织员工平均薪酬与公益绩效变动显著正相关，而过度的薪酬激励则会使其绩效下降，而且将薪金激励与绩效挂钩还有利于组织人才队伍的稳定（张思强和朱学义，2014）。我国非营利组织存在诸多财务问题的一个重要原因就是缺乏有效的财务激励（于国旺，2016）。

非营利组织的薪酬制度设计，应借助于有一定共识基础的规范制度，且设计不得违背组织的社会使命（布卢明顿，1996）。非营利组织专职领薪职员的薪金一般应包括两个基本要素：一是作为人力资本本身价值认可的岗位或职级工资，二是与组织绩效挂钩的绩效薪酬。这是一种将固定薪酬与激励

薪酬相结合的弹性薪酬制度，既可以保证员工维持基本生活之需，又有利于组织绩效提升。在该制度框架内，一定要控制好弹性部分金额，防止将非营利组织异化成专为组织成员谋取私利的组织。

在财务公平视域下，非营利组织管理者的财务激励应着眼于物质激励与财务权力配置两个方面。非营利组织理事会为激励管理者努力工作，就必须为管理者提供报酬奖励，管理者对于预期报酬和现期报酬的偏好、预期报酬的贴现系数、现期报酬的效用产出弹性都是理事会选择激励方式时应考虑的影响因素（颜克高和陈晓春，2006）。对管理者的物质激励并不意味着需要在多大程度上提升其薪金额度，而是在市场平均水平的一定幅度范围之内，改变薪资结构，由特定报酬改为基本报酬加个人绩效报酬的灵活形式，以防止管理人才流失。非营利组织管理者财权的公正合理安排主要体现在权责必须统一。财务权力与责任的不匹配容易导致寻租、贪腐、降低服务质量等现象。合理的财务机构与岗位设置和财务规章是财权妥当安排和规制的两个主要途径。

对于组织管理者及普通职员的财务违法违规行为，须采取必要的惩罚措施。非营利组织应建立健全惩戒机制，除政府惩戒与媒体惩戒外，组织自己还应做好自律惩戒工作。对于组织成员有损于集体或他人的不当行为，依据不同情形制定合理可行的惩戒办法。

第 8 章

非营利组织财务公平辅促因素分析

非营利组织财务公平的实现受到一国体制、经济、政治、法规、社会文化等诸多外部因素影响，也受到内部文化、领导人风格、资金规模等各种内部因素影响。它们从不同角度与组织及其利益相关者发生着联系，直接或间接作用于组织行为。其中，法制与文化分别通过硬约束与软约束引导着组织及其利益相关者财务行为，是非营利组织财务公平得以实现的关键辅促因素。

在企业中，制度和文化因素对财务行为过程和方式具有全面而深刻的影响（李心合，2004），在非营利组织中亦然。我国非营利组织财务公平的实现有赖于相关法制的更加规范化，有赖于中国传统文化与组织文化建设的相互融合。相对而言，制度更多与组织客观财务公平相关，在一定程度上保证了客观财务公平；文化则更多与主观财务公平相关，是主观财务公平实现的催化剂。

8.1 非营利组织财务公平的制度分析

制度是一个多学科概念，不同学科中其含义不同，内容也不同。此处的制度，仅含正式制度，指非营利组织内外明文规定的必须遵守的规范要求，包括《慈善法》等相关法律、《基金会管理条例》《基金会年度检查办法》

《社会组织评估管理办法》等有关规范性文件、组织章程等组织内部制度等。

非营利组织财务公平的实现要求组织遵循各项相关法规制度，对失信行为进行惩戒。

8.1.1　非营利组织财务公平要求遵守规章

公平正义要求依法治国，依法治国进程的推进也能够更好地促进社会公平。从各种形式的组织到每个人，都应在法制框架之内行为。非营利组织作为一种重要的社会组织形式，须遵循相关法律、法规、规章和制度。非营利组织财务行为受到有关制度制约，财务公平的实现也有赖于相关制度支持。

各种制度规范对非营利组织在注册成立、机构设置、项目开展、财务信息公开、财务监督等方面的规定，促使组织财务机构设置更加合理、财务运行更加科学，为财务公平奠定了良好基础，更好地促进了组织财务公平的实现。例如，关于财务机构人员安排，《基金会管理条例》规定基金会"理事、理事的近亲属和基金会财会人员不得兼任监事"；关于财务信息公开，《慈善法》规定慈善组织应按照规定公布募捐情况与项目实施情况，定期发布年度工作报告和财务会计报告；关于财务监督，《社会团体登记管理条例》规定社会团体必须接受审计机关或者财政部门监督，严格执行有关财务管理制度；关于项目开展，《慈善法》规定慈善组织应根据组织宗旨和业务范围合理设计慈善项目，按照公平、公正、公开原则明确服务对象，通过标准和专业的手段优化实施流程，提高慈善财产使用效益。慈善组织应当建立健全项目的决策、执行、监督机制，对项目的立项、审查、执行、控制、评估、反馈等环节建立科学、规范、有效的要求，设立项目管理机构，配备专职人员，行使项目管理职责。这些规定能够在一定程度上保护非营利组织利益相关者利益，推进财务公平。

目前我国有关部门也越来越重视非营利组织相关法规制度的建设，不断完善与修订各项法规，促使我国非营利组织行为切实有法可依，有矩可循。

另外，当非营利组织与利益相关者之间发生冲突时，有时也需要通过法律制度或者行业制度去解决。例如，2014 年上海民间非营利组织禾邻社状告万科公益基金会，指控对方侵犯自身拥有的《全民植物地图》著作权事件，就是通过制度解决纠纷，维护正当权益的案例。制度在处理矛盾时往往具有权威性，能很好地避免矛盾扩大化，公正处理好问题。

8.1.2　非营利组织财务公平要求惩戒失信行为

非营利组织失信惩戒指非营利组织违规违约，失信于利益相关者后受到惩罚以示警诫的现象，包括组织违反各项规定与条例、违反章程以及组织违背与各方利益相关者的显性和隐性契约。惩戒不仅仅是一种处罚手段，更需为组织提供可"戒掉"失信的方法，为组织提供利于立信守信的新的管理方式。依据惩戒主体不同，有政府惩戒、自律惩戒和媒体惩戒等。在实践中，非营利组织失信集中反映在财务领域，因此，非营利组织对失信的防范还应从财务视角去应对。

非营利组织被发现有失信行为后，"失信被执行人为自然人时，惩戒对象为其本人；失信被执行人为单位时，惩戒对象还包括其法定代表人、主要负责人、影响债务履行的直接责任人。"依据失信内容形式不同，分别对被执行人个人行为、非营利组织信贷行为和非营利组织业务行为进行惩戒。若是组织相关领导人员、财务人员或者其他人员为了自身利益从事不利于组织的显性及隐性失信行为的，应视情节严重程度对个人以相应惩戒；若涉及组织信贷和组织业务，则不仅要对有关负责人进行惩戒，还需限制其后续同类业务，以免相同的错误继续发生。相反，对于守信组织，应予以奖励。根据《非营利组织评估管理办法》，"获得 3A 以上评估等级的非营利组织，可以优先接受政府职能转移，可以优先获得政府购买服务，可以优先获得政府奖励。"

制度可有效阻止危害性行为发生，却不能十分有效地鼓励良好行为。制度也不可能涵盖组织日常中所遇到的全部新问题。因此，仅有制度尚不足以充分维护非营利组织财务公平所要求的内外部环境，需要增添柔性因子文化与其共同作用，辅佐财务公平事成。

8.2　非营利组织财务公平的文化分析

非营利组织的本质特征和使命目标决定了其财务公平的实现更多受到社会文化氛围影响。中国传统文化与非营利组织文化具有融通性，应立足中国传统文化，建立促进财务公平实现的非营利组织文化，对外营造良好文化氛围，对内实行有利于财务公平实现的文化管理。

8.2.1　非营利组织公平文化氛围

社会文化氛围不仅对非营利组织外部利益相关者关注组织的程度、出资者的捐赠意愿等产生影响，而且对组织内部利益相关者的心理与行为也会发生作用。其中，慈善文化与信用文化的影响尤为突出。一个国家或地区的慈善文化与信用文化若表现较为明显与浓厚，就会很好地推动当地的非营利组织更好发展。此时，在其他条件相同时，非营利组织会得以更加迅速成长。

在中国香港，公民慈善、关爱他人是社会主流，香港非营利组织就相对比较成熟，做法先进，社会服务效果好，值得借鉴。在美国，众多民众，包括中产阶级乃至穷人，都对公益事业十分慷慨，也很好地促进了美国非营利事业发展。我国非营利组织虽然整体起步较晚，但中国传统文化的核心"仁""和"等，与非营利组织公益、公共、自治的组织特征有着深厚的渊源，为我国非营利组织发展提供了有力支撑。

非营利组织财务公平需要一种和谐共进的外部文化环境。中华民族"和"的价值观契合了非营利组织财务公平所追求的最终目标——一种基于共同善的和谐。《论语》曰，"礼之用，和为贵""君子和而不同，小人同而不和"。这种根本的价值观及为人处世的态度强调差别基础上的各得其所。自古国人就有"和实生物"之观点，指出万物以和为基础，从自然界到人类社会，从家庭、社区等组织到国家、国际及生态，皆为不同因素和谐共存的统一体。以和为贵、和而不同的精神，贯穿于中华民族发展史，渗透于社会生活的一切方面。这种"和谐"文化，有力支持了非营利组织财务公平的实现，它通过影响人们的思想和行为方式，使人们更加包容，使各种财务关系的协调更为顺畅。

中华文化是以儒学为主导，以儒佛道为主体、诸子百家兼容互补的多元一体的中国传统文化（吴光，2013）。而在儒家学说中，"仁"乃最高政治伦理范畴（黄朴民，2014）。儒学作为中华文化的主干和底色，被世界上越来越多的人不仅视为中华文化的代表，也视为人类实现可持续发展摆脱困境的一种具有启示意义的思想。仁学以爱人为主旨，以孝亲为起点，以忠恕之道为路径，以中和之道为处世原则，以和而不同为文明关系，以博施济众为社会目标，以赞天地之化育为终极关怀，其仁爱、仁恕、仁和之道（牟钟鉴，2012），与非营利组织财务公平实现过程中所需的人际关系与行为处事方式相一致，很好地促进了我国非营利组织财务公平发展。

另外，公平与公正本身就是中华文化的重要组成内容，而且，只有通过对公正价值追求的推动，我国文化软实力建设目标才能真正达成。非营利组织财务公平的实现推进了我国文化建设，公平文化建设也为非营利组织财务公平营造了必要的氛围。

8.2.2　非营利组织自身对文化管理的需求

作为第三部门的非营利组织，有着与生俱来的文化管理特质，组织所适用的管理思想、管理目标、组织体制和管理职能、管理策略与手段都符合文化管理的要义。非营利组织的组织特征、组织结构的特征以及组织活动成果的特征都集中地反映出它在管理模式上追求文化管理的特质（孙杰和曾维和，2004）。

（1）非营利组织组织特征对文化力的诉求。

由上述组织特征可见，非营利组织是不以营利为目的的具有很高自治性和一定志愿性的组织，利润或其他经济利益的追逐不能够形成组织行为的根本动力。因此，管理者应充分尊重和珍视组织内部的每个发展资源和动力，在组织系统内部挖掘所需要的经验、知识和智慧，把它提炼和概念化。这不应该是理论的，也不是一次性的，而是在组织存在的整个过程中连续性的学习、反思和归纳。可见，组织的自身性质决定了刚性制度资源的不足，文化环境的暗示下集体行动理论将得到更充分的发挥（王建军和曾巧，2003）。组织人文精神所体现出的内部能量是组织发展的内驱力，极大地推动了组织事业的发展。因而，非营利组织的组织特征中蕴含着对组织文化力的诉求。

（2）准公共产品的提供对人文精神的需求。

非营利部门生产的产品是准公共产品或准公共消费品，它是一种兼公共性和私有性于一身、介于公共产品和私人产品之间的物品，具有无形性、可物化性、生产与消费的同步性和可传递性（陈晓春和张彪，2004）。众多准公共产品的质量都难以精确量化，一是由产品本身特点决定，二是由于大多数产品质量在于受益人感受和主观评价，同受益者个人意识相关。准公共产品的特性对产品供给方的非营利组织成员的道德水平和自律性提出了更高要求，要求组织员工除了要拥有专门的知识和技能外，还要有一颗为他人和社会无私奉献的心，有很强的服务意识和自律意识，这也是文化管理中人文精神的重要内容。

文化管理中，人文精神的核心是价值观，是人们心灵深处的信念、理性、情趣、想象力、创造力、凝聚力，是道德化的追求，还包括服务意识、民本意识和自律意识（孔杰和曾维和，2004）。非营利组织的管理只有符合人文精神要义，才能更加合理与高效。当组织的愿景化作组织成员的内心信念时，当社会使命变成组织成员自身对真、善、美的追求时，人们就会更加自觉维护组织利益，提供更好的服务，生产出更高质量的准公共产品。非营利组织自治自律的特点使得组织中公认的核心价值观成为非营利组织中个体成员的行为准则（王建军和曾巧，2003），成员自律性在管理活动中所表现出来的自我约束力，能够使组织成员在推进社会进步的过程中，具有争议、民主、平等、良心、诚信等优秀品质，强烈地认识到自己的责任（陈晓春和赵晋湘，2003）。

（3）有效的非营利组织管理模式符合文化管理特征。

非营利组织的特点决定了其有效管理模式不是传统的金字塔式，而应是倒金字塔式。"倒金字塔管理模式的确有效，虽然成效缓慢，但是一定有用。要让它产生成效，必须要时刻以各种办法来实践它。"这种管理模式的采用要求将人作为组织最重要的资源，充分发挥员工的主观能动性，激发员工潜能，使其成为管理主体。"成功的非营利组织体会到必须重视、教育与授权给员工，并且要让每个人致力于提供使全体顾客满意的服务。如果不这么做，组织将不再拥有顾客"（C. Brinckerhoff P, 2007）。这种管理方式恰恰符合文化管理"以人为中心""以激发人的自我价值实现为主要手段""突出人的主体地位"的特征。

文化管理是高于经验管理和制度管理的最先进的管理方式，在文化管理条件下，员工能够认同组织，主动性高，对工作持有明确、主动的态度，有利于员工为同一目标团结一心，共同奋斗。将组织文化作为非营利组织的基本价值观和行为规范，是组织管理创新、充满活力、持续发展的内在源泉，以共同价值观为指引，统一员工思想、统一员工意志、规范员工行为，引导员工完成组织使命。唯此，才能在非营利组织中创造出一个能产生新构想的组织气候，实行有效的倒金字塔式管理。

8.2.3 非营利组织协同财务治理与文化管理的融合

协同财务治理作为客观财务公平的理想模式，需要文化引领，吸取文化管理的精髓，引入文化管理的新鲜血液。非营利组织协同财务治理与文化管理具有较好的融合性。

（1）非营利组织协同财务治理需要文化精神。

由于组织所处环境复杂多变，组织利益相关者众多，且信息掌握程度不同，因而在协同财务治理过程中，非营利组织使命的"权威性"就尤为重要，"非营利组织的首要法则就是使命、使命以及更多的使命，并且必须遵守使命"。组织依靠使命及在此基础上形成的统一价值观实现员工思想与行动的一致性，员工及受益者之外的所有利益相关者在没有共同经济利益的条件下，要按照相同的意念行为，就需要在精神上、在文化领域形成一定的激励与软约束因子。"在某种程度上，员工得到的回报可以是组织的文化，组成一个团队，让员工想要被雇佣"（C. Brinckerhoff P，2007）。协同财务治理需要文化驱动力形成的聚合力促成组织使命的达成。多而散的利益相关者需要文化向心力的召集，将他们团结在一起，向着同一个方向作为。

（2）非营利组织文化管理需要协同共进。

协同财务治理强调在一种非稳定的远离平衡态下，由于系统结构的涨落运动，随着环境变化逐渐调整和创新，不断实现一个个新的平衡态。非营利组织的文化管理需要在这种调整运动中，形成适应新使命与新情境的新理念、新文化，构筑新的文化构体、文化秩序、文化指令，充实完善原价值观，作为管理系统中的一种制衡力量，来协调各利益相关方。通过有意识地创建组织文化来实施文化管理，可以改善组织成员的素质，调动他们的工作积极性，改善组织中的人际关系，提高组织活动的效益。文化管理强调针对新情况、新问题，创新组织文化（高文武和王虎成，2011）。

（3）非营利组织协同文化治理与文化管理具有共同要件。

古典管理理论与行为科学管理理论将组织看作一个孤立系统，而现代管理理论则将组织看作一个开放系统。文化管理的实施要求非营利组织保持开放性，与外界具有充分的交流，这也是实施协同治理的要求，它们具有共同的"开放"要件。保持系统开放性为组织协同治理与文化管理的融合提供了共同的前提条件。

8.2.4　非营利组织公平文化管理

目前，管理学界不仅关注组织的"内部协调"，也开始越来越多地关注组织的"外部适应"。适应现代社会经济发展趋势，文化管理模式逐渐形成，正逐渐受到更多组织的青睐。文化管理是管理理论新的发展，它强调人的主观能动作用、从文化高度管理组织，以文化为基础，管理重点是个人思想观念。通过文化管理，非营利组织成员在文化建设基础上，提炼组织文化，形成共同认可的组织精神、经营目标、价值标准、基本信念、行为准则、规章制度和组织形象等运作哲学与规则，自觉规范日常行为，协调一致地实现组织的发展战略与目标。

文化管理又被许多国外学者称为"基于价值观的管理"，它是一种以人为中心，以文化引领为根本手段，以塑造共同价值观为目的的管理模式（邹永松，2010）。文化管理强调以人为本和人的全面发展，倡导组织内部共同价值观的培育，通过营造系统内健康和谐的文化氛围，变被动管理为自我约束，使全体成员都能够融入到系统中来，同时实现社会价值和个人价值最大化。

文化管理理念以人为中心、充分尊重人性的理念与非营利组织财务公平对组织内部文化的要求相契合。组织文化作为一种持久价值观，能够为组织运行提供一定的方向和稳定性。为使这种稳定性不成为财务公平的"绊脚石"，而是财务公平的"辅促剂"，非营利组织应进行文化管理，以提升利益相关者财务公平感知，提升组织绩效，在管理理念、管理方式、管理主体等方面落实文化管理。

管理理念上，文化管理由科学管理的"以资本为核心"转变为"以人为中心"，管理目标不再是追求资本效益最大，而是实现人的社会价值和个人价值的全面发展。它通过共同价值观的引领，激励人、团结人，在组织内形成一股强大的凝聚力，通过文化的力量对组织进行理念教化管理，克服了单纯制度管理容易导致的教条化、形式化等问题。

管理方式上，文化管理以激发人的自我价值实现为主要手段，鼓励快乐管理和创新管理。通过文化管理，员工的积极性、主动性和创造性得以激发，工作热情较高，集体归属感得到增强，他们的各种精神需求都得到了满足，"主人翁"意识较强，视组织为家。为实现自我价值，组织可依赖于传统文化的影响，更需创造有利的组织文化。通过有意识地创建组织文化来实施文化管理，能够提高员工素质，调动成员工作积极性，改善组织中人际关系，提高组织活动效益（高文武和王虎成，2011）。非营利组织可通过营造和谐氛围、打造典型人物、树立组织形象、引导价值信仰、塑造英雄人物等方式，形成自己的物质、精神和制度文化等，使其不断反映在各项管理活动中，以最终提升组织价值。

　　管理主体上，文化管理强调突出人的主体地位。它通过"无形之手"调节个人行为，用文化来培养塑造人，促使员工潜能发挥。在决策过程中，管理者会采用民主决策方式，提倡协作精神，倡导团队建设，在一定程度上赋予员工自主权，使员工充分发挥自己的聪明才智以实现工作目标，在管理过程中做到尊重人格，减少分歧，避免独裁，从而保证组织做出民主、科学的决策。

第 9 章

研究结论、局限性和
未来研究方向展望

9.1　研 究 结 论

　　企业财务公平理论在非营利组织中的应用能够规范非营利组织领导人关联交易行为、规范管理者在职消费行为、规范受益者恣意妄为行为，不仅必要，而且可行。前文在对企业财务公平理论进行梳理的基础上，结合非营利组织特点与财务特征，构建了非营利组织财务公平理论。非营利组织财务公平以经济效益与社会效应有机统一和公平与效率互促共进为目标，包括客观财务公平与主观财务公平。作为组织公平的客观状态，客观财务公平通过相关规章制度的完善和有关组织机构的配置来达成公平目标。作为一种主观意识感受，主观财务公平主要考量各利益相关者的公平感知。主客观财务公平相互作用，在诸多辅促因素影响下，共同实现财务公平目的。

　　非营利组织客观财务公平包括财务治理与财务管理两个层面，财务治理是财务运作的基本框架，财务管理在此框架下驾驭组织实现财务目标。为更好保障利益相关者目标，促进公平与效率，前文构建了涵盖内部协同与外部协同的非营利组织协同财务治理模式，强调共同治理与协同作用。在财务管理中，基于安全考量，本书对非营利组织财务风险进行了现状分析和成因探寻，结果表明，我国非营利组织存在一定财务风险，资金结构、来源、运营和组织规模是最重要的风险成因，组织应提高财务风险意识，提升资金运营能力，完善财务信息系统。

非营利组织主观财务公平分析结果显示：就个人捐赠者而言，财务结果公平直接影响个人对非营利组织的捐赠意愿，财务程序公平通过财务结果公平间接影响捐赠意愿，财务信息公平直接影响和通过财务程序公平与财务结果公平间接影响捐赠意愿。个人捐赠者的财务公平感知正向影响他们对非营利组织的捐赠意愿，进而影响捐赠行为。财务公平感知越高，捐赠意愿越强烈；就组织成员而言，财务信息公平正向影响财务程序公平和财务结果公平，财务程序公平正向影响财务结果公平，员工工作满意度受到财务程序公平和财务结果公平的正向影响，员工对工作未来的展望和在工作中被认可的感知程度则受到财务信息公平和财务结果公平正向影响，员工工作满意度对组织公民行为和组织承诺产生一定影响，员工组织承诺对组织破坏行为具有显著负面影响，规范承诺和持续承诺对组织认同感正向影响显著，情感承诺对组织认同的正向影响不显著。

9.2 研究局限性

研究仍存在诸多不足之处，主要表现为：

第一，主观财务公平不能就每一种利益相关者都进行详细分析。非营利组织利益相关者既包括出资者、组织成员等核心利益相关者，也包括媒体、社会大众等非核心利益相关者。每一种利益相关者均存在财务公平感知。这里未能穷尽所有利益相关者，对其财务公平感知进行详尽分析，而是选择其中部分核心利益相关者资金提供方与组织成员的有关感知，通过问卷调查做了重点研究，没有做到面面俱到。

第二，在分析非营利组织财务风险、个人出资者财务公平感知对捐赠意愿和捐赠行为的影响时，考虑到数据获取便利性与可信性，更多地使用了公募基金会数据。因此，将该部分研究结论在其他类型非营利组织进行推广时，需要充分考虑具体组织的财务特征，做到灵活运用。

9.3 未来研究方向展望

未来非营利组织财务公平的研究将趋向于多学科交叉化、研究方法多元化、研究内容精细化和具体化。

财务公平需要对不同利益相关者利益进行协调，要求处理好各项财务关系。这就要求能够充分考虑利益相关者的个人需求、社会特征、心理活动等相关因素。同时，财务公平也需要组织财务治理与财务管理科学化、规范化，这就要求充分考虑各项资源配置，使用恰当管理模式。而且，财务公平的研究还需置于人类社会发展框架范围内进行系统分析，全面考量各种环境因素。因此，组织财务公平研究必将朝着经济学、管理学、社会学、心理学、人类学、环境科学等多学科相互融合的方向发展，唯此，才能使相关研究更加科学合理。

在研究方法上，使用财务数据进行统计分析、使用调查问卷进行定量分析、使用实验方法探求心理因素、使用田野调查获取一手数据、使用个别组织或某些共性组织进行案例分析等都将是研究趋势所需。这是多学科研究内容对研究方法提出的新要求，只有将多种方法相结合，才能更好地对财务公平进行探讨。

具体到非营利组织财务公平，未来的研究将更加精细化与具体化。精细化主要体现在利益相关者研究将更为广泛和细微，不同行业、不同地域、不同类型组织的财务公平以及不同利益相关者的财务公平研究将分类进行。财务公平与效率关系的处理在也将受到研究者们更多关注；具体化主要体现在非营利组织财务公平研究将更加接地气，更多地立足于现实，更多地考虑体制、社会、文化、法制、经济、政治等诸多环境因素影响，我国的有关研究中也将会出现更多中国特色相关问题的分析。

附 录

调查问卷（一）

非营利组织个人捐赠者财务公平感知对捐赠意愿影响调查问卷

亲爱的朋友：

您好！

我正在进行一项关于非营利组织的个人捐赠问题调查，非常感谢您抽出宝贵时间填写问卷！该调查采用匿名方式，调查内容仅供大规模问卷统计分析之用，不会根据您提供的信息进行个案分析，结果也绝不对外公开或用作他途，您不必有任何顾虑。调查答案无对错之分，但您的意见对我非常重要，研究结论是否符合现实，取决于您的支持与合作。请根据自己的实际情况，作出真实恰当的选择。

问卷中所述非营利组织是指需要及可以公开募集资金的公益和慈善基金会。问卷中的捐赠是指资金捐赠，包含各种物质捐助，不含其他，如身体器官等的捐赠。

衷心感谢您的帮助！

一、基本情况

1. 性别：_____

A. 女　B. 男

2. 年龄：_____

A. 20 岁及以下　B. 21~30 岁　C. 31~40 岁　D. 41~50 岁

E. 51~60 岁　F. 60 岁以上

3. 民族：_____

A. 汉族　B. 少数民族

4. 是否有中国大陆以外生活经历（时长 3 个月及以上）：_____

A. 是　B. 否

5. 政治面貌：_____

A. 中共党员　B. 共青团员　C. 民主党派成员　D. 群众

6. 教育程度：_____

A. 硕士及以上　B. 本科　C. 专科　D. 高中、中专、中技、职高

E. 初中及以下

7. 职业：_____

A. 学生　B. 政府或事业单位人员　C. 企业员工　D. 教师

E. 自由职业者　F. 其他

8. 您是否已经离退休：_____

A. 是　B. 否

9. 您个人上个月收入：_____

A. 1000 元及以下　B. 1001～2000 元　C. 2001～3000 元

D. 3001～5000 元　E. 5001～8000 元　　F. 8001～10000 元

G. 10000 元以上

10. 家庭年收入：_____

A. 3 万元及以下　B. 3 万～5 万元　C. 5 万～8 万元

D. 8 万～10 万元　E. 10 万～20 万元　F. 20 万元以上

11. 您是否有宗教信仰：_____

A. 是　B. 否

12. 您工作（学习或生活）的所在地是_____省（市、自治区）

二、捐赠行为

请根据您在过去一年向非营利组织捐赠的经历，在符合实际情况的选项上打"√"；

13. 过去一年里，您最近一次捐给非营利组织的资金数量是_____。

A. 100 元及以下　B. 101～200 元　C. 201～500 元　D. 501～800 元

E. 801 元及以上

14. 过去一年里，您每次向非营利组织捐赠的平均数量大约是_____。

A. 100 元及以下　B. 101～200 元　C. 201～500 元　D. 501～800 元

E. 801 元及以上

15. 过去一年里，您向非营利组织捐赠的频率是_____。

A. 1次　B. 2次　C. 3次　D. 4次　E. 5次　F. 6次及以上

三、财务公平

请您结合最近一次向非营利组织进行捐赠的经历，在符合您真实想法的选项上打"√"

序号	题项	1 非常不赞同	2 不赞同	3 中立	4 赞同	5 非常赞同
16	资金使用领域和效果能够达到您的预期目标					
17	组织资金的经济效益或社会效益超过同行业其他组织或营利部门同业组织					
18	组织自身行政管理经费能够尽可能缩减					
19	受资者之间资金分配状况合理					
20	受资者能够按照约定用途合理高效使用所得资金					
21	组织资金基本不存在财务风险					
22	组织能够按照有关规章与约定使用资金					
23	组织资金的来源与使用公开且透明					
24	组织能够很好地执行相关财务会计制度					
25	我希望能参与资金使用规则制定过程					
26	对组织来说每个出资者地位都是平等的					
27	组织资金使用计划符合多数出资者意愿					
28	组织能够给我提供关于资金用途的详细信息					
29	组织能够给我提供资金使用程序和过程的相关信息					
30	我觉得组织所给的资金使用过程和结果有关的信息非常可靠且内容合理					
31	组织很关心我对资金使用的想法，并能够积极主动与我沟通					

四、捐赠意愿

请根据上次您对非营利组织进行捐赠的经历，选择符合您捐赠意愿的选项，用"√"表示。

序号	题项	1 非常不赞同	2 不赞同	3 有些不赞同	4 中立	5 有些赞同	6 赞同	7 非常赞同
32	您愿意向您选定的非营利组织捐赠							
33	您下次还愿意向您选定的非营利组织捐赠							
34	您不会停止向您曾捐赠过的非营利组织捐赠							
35	您愿意推荐别人向您选定的非营利组织捐赠							

调查问卷（二）

非营利组织员工财务公平感知对组织效果影响调查问卷

亲爱的朋友：

　　您好！

　　我正在进行一项关于非营利组织员工财务公平感知与组织效果之间关系的问题调查，非常感谢您抽出宝贵时间填写问卷！该调查采用匿名方式，调查内容仅供大规模问卷统计分析之用，不会根据您提供的信息进行个案分析，结果也绝不对外公开或用作他途，您不必有任何顾虑。调查答案无对错之分，但您的意见对我非常重要，研究结论是否符合现实，取决于您的支持与合作。请根据自己的实际情况，作出真实恰当的选择。

　　问卷中所述非营利组织指依据我国有关登记管理条例登记注册的民办非企业单位、基金会和社会团体。

　　衷心感谢您的支持！

一、基本情况

1. 性别：_____

A. 女　　B. 男

2. 年龄：_____

A. 20 岁及以下　　B. 21～30 岁　　C. 31～40 岁　　D. 41～50 岁

E. 51～60 岁　　F. 60 岁以上

3. 在本单位工作年限：_____

A. 半年以内　　B. 半年～1 年　　C. 1 年～2 年　　D. 2 年～5 年

E. 5 年以上

4. 转换工作单位次数：_____

A. 0 次　　B. 1 次　　C. 2 次　　D. 3 次　　D. 4 次　　E. 5 次及以上

5. 您是否有宗教信仰：_____

A. 是　　B. 否

6. 教育程度：_____

   A. 硕士及以上   B. 本科   C. 专科   D. 高中、中专、中技、职高

   E. 初中及以下

7. 您现在的职位：_____

   A. 实习生   B. 普通员工   C. 分管领导

8. 您现在的婚姻状况：_____

   A. 未婚   B. 已婚   C. 离异   D. 再婚   E. 丧偶

二、财务公平感知

请在符合您真实想法的选项上打"√"。

序号	题项	1 非常不赞同	2 不赞同	3 中立	4 赞同	5 非常赞同
9	我的薪酬反映了我对单位的贡献					
10	我的薪酬待遇和其他同事工作表现相比合理					
11	我的薪酬反映了我的工作努力程度					
12	我的薪酬待遇和相同工作与职务的同事相比合理					
13	就工作量和责任而言，我所得的报酬合理					
14	就工作表现来看，我得到的报酬合理					
15	分配公开、透明					
16	对分配结果有异议时，领导会进行耐心解释					
17	分配制度能得到很好执行					
18	领导很关心我对分配的想法，并能及时与我进行沟通					
19	我单位分配制度能代表大多数人意愿					
20	在分配制度面前所有人都平等					
21	分配有章可循					

序号	题项	1 非常不赞同	2 不赞同	3 中立	4 赞同	5 非常赞同
22	对分配程序和过程有意见，领导会给我做全面解释					
23	我单位员工能参与分配制度制定过程					
24	我觉得领导对分配过程和结果的解释很有道理					

注：本量表中的分配指组织给予员工的经济利益，包括薪酬、福利等待遇。

三、公民行为

序号	题项	1 非常不赞同	2 不赞同	3 中立	4 赞同	5 非常赞同
25	我愿意站出来维护组织声誉					
26	我很渴望对外澄清误解，传递组织的好消息					
27	积极参加组织会议					
28	为组织运营提出建设性建议					
29	愿帮同事解决工作相关的问题					
30	愿帮新同事适应工作环境					
31	需要时愿意为同事介绍工作任务					
32	愿意和同事们合作与交流					
33	无人监督且事后无迹可寻时也会遵守组织的规章和办事程序					
34	认真地完成工作，几乎从来没有差错					
35	不介意新任务或有挑战性的任务					
36	努力自学以提升工作质量					
37	经常早到并立即开始工作					
38	采用有损于组织人际和谐的不正当策略谋取个人利益（R）					

续表

序号	题项	1 非常不赞同	2 不赞同	3 中立	4 赞同	5 非常赞同
39	利用职位权力谋取个人利益（R）					
40	斤斤计较，争功诿过，不惜抗争以获得个人利益（R）					
41	经常在背后讲同事或领导的坏话（R）					
42	工作时间做私事，如炒股、购物、理发等（R）					
43	利用组织资源办私事，如私自使用单位电脑、复印机、电话等（R）					
44	假借生病作为请假理由（R）					

四、组织承诺

序号	题项	1 非常不赞同	2 不赞同	3 中立	4 赞同	5 非常赞同
45	我愿意在本单位度过我职业生涯的全部时间					
46	我很乐意同组织以外的人谈论我的组织					
47	我真正感觉到组织的问题就是我的问题					
48	于我而言，组织有特别多的个人意义					
49	让我立即离开组织很困难，即使我想离开					
50	如果现在离开组织，我的生活就会陷入混乱					
51	现在我很渴望也必须留在组织中					
52	若离开组织，我的选择将很少					
53	缺乏可选择性是离开组织的几个严重后果之一					

序号	题项	1 非常不赞同	2 不赞同	3 中立	4 赞同	5 非常赞同
54	我持续为组织工作的一个主要原因是离开意味着大量的个人牺牲——其他组织无法提供现有数量的收益					
55	我认为人们跳槽太频繁					
56	我持续为组织工作的一个主要原因是我认为忠诚很重要，应履行道德责任					
57	即使得到其他组织的更好职位，我也不会跳槽					
58	应持有忠实于组织的价值观					
59	在一个组织度过职业生涯的大部分时间会更好					
60	我认为想成为一名"公司人"（忠于组织资产胜于同事的雇员）是不明智的（R）					
61	我认为当我加入其他组织时我能比较容易地做出改变，像现在一样以适应新组织（R）					
62	我好像不是组织大家庭的一部分（R）					
63	我在情感上不依附于组织（R）					
64	我没有强烈的组织归属感（R）					
65	若是辞职，即使没有新工作，我也不会担心（R）					
66	离开组织代价并不高（R）					
67	我认为个人无须总是忠于其组织（R）					
68	于我而言跳槽并非不道德（R）					

五、工作满意度

序号	题项	1 非常不赞同	2 不赞同	3 有些不赞同	4 有些赞同	5 赞同	6 非常赞同
69	我认为我的薪酬与工作量相符						
70	我对加薪可能性感到满意						
71	工作做得好，晋升机会就多						
72	人们在组织中像在其他地方一样晋升很快						
73	我喜欢做工作中要做的事情						
74	我的工作是快乐的						
75	有时我感到工作没有意义（R）						
76	我常常觉得不知道组织以后会怎样（R）						
77	加薪间隔时间长，加薪少（R）						
78	我的薪酬说明我并未被赏识（R）						
79	我工作中的晋升机会太少了（R）						
80	我们并未获得应得利益（R）						

参 考 文 献

［1］阿玛蒂亚·森著，王磊，李航译. 正义的理念 ［M］. 中国人民大学出版社，2013.1：1-3.

［2］埃里克·弗鲁博顿，鲁道夫·芮切特著，姜建强，罗长远译. 新制度经济学——一个交易费用分析范式 ［M］. 上海人民出版社，2006：224-289.

［3］柏凯. 加强文化管理对提高高校教学质量的作用 ［J］. 价值工程，2012.31：16.

［4］彼得·德鲁克著. 吴振阳译. 非营利组织的管理 ［M］. 机械工业出版社，2014.3：29-87，158.

［5］彼得·C. 布林克霍夫著，陆菲菲，陈洁莹等译. 非营利标杆管理 ［M］. 北京大学出版社，2007.1：23-66.

［6］蔡佳利. 家计单位捐赠行为之研究 ［D］. 台湾世新大学经济研究所硕士论文，2005.

［7］蔡宁，江伶俐. 利益相关者视角的非营利组织信息披露研究 ［J］. 财会通讯（综合版），2014.1（下）：90-92.

［8］曹越. 再论公司财务概念框架 ［J］. 会计研究，2012.4：44-49.

［9］曹越，伍中信. 产权范式的财务研究：历史与逻辑勾画 ［J］. 会计研究，2011.5：24-29.

［10］程博. 基于利益相关者视角的非营利组织财务开发策略研究 ［M］. 浙江大学出版社，2012.3：20-53.

［11］程博. 非营利组织关系能力对财务绩效的影响研究 ［J］. 广西社会科学，2012.11：65-68.

［12］陈惠雄．快乐原则——人类经济行为的分析［M］．经济科学出版社，2003.3：233．

［13］陈金祥．也论竞争和协同——兼与曾固屏同志商榷［J］．系统辩证学学报，1998.6：30－35．

［14］陈瑞华．看得见的正义［M］．北京大学出版社，2013.7：1－11．

［15］陈晓春，张彪．非营利组织准公共产品初论［J］．公共行政，2004.1：42－44．

［16］陈晓春，赵晋湘．非营利组织失灵与治理之探讨［J］．公共行政，2003.4：50．

［17］程楠．"民非"为何变身"社会服务机构"［J］．中国社会组织，2016.9：23－24．

［18］成小云．简评"公司财务概念框架"论［J］．会计研究，2011.7：24－27．

［19］戴红霞．论我国非营利组织财务绩效评价的完善［J］．财政监督，2014.7：37－38．

［20］戴新民，汪晓东．企业财务公正问题研究［J］．财会通讯（综合版），2007.12：65－68．

［21］邓国胜．非营利组织评估［M］．社会科学文献出版社，2001：2．

［22］邓国胜．中国民办非企业单位的特质与价值分析［J］．中国软科学，2006.9：18－28．

［23］邓国胜．中国非政府部门的价值与比较分析［M］．中国非营利评论第一卷．社会科学文献出版社，2007：89．

［24］丁云青．浅谈非营利组织财务绩效评价指标的构建——基于利益相关者理论［J］．商业会计，2014.24：3－6．

［25］杜兰英，侯俊东，赵芬芬．中国非营利组织个人捐赠吸引力研究［M］．科学出版社，2012.4：182．

［26］冯丽．非营利性组织财务风险及预警指标体系设计［J］．武汉理工大学学报，2012.10：629－632．

［27］干胜道．公司财务中的公平问题［J］．财会学习，2012.5：1．

[28] 干胜道. 嵌入公平的财务基本理论创新研究 [J]. 会计之友, 2015.12: 16－18.

[29] 干胜道, 邓小军. 论公平效率导向的财务目标 [J]. 财会学习, 2014.6: 13－15.

[30] 干胜道, 刘庆龄. 嵌入公平的企业财务目标新思考 [J]. 财经问题研究, 2015.1: 72－79.

[31] 高帆, 汪亚楠, 方晏荷. 慈善捐赠: 企业增加融资的有效渠道 [J]. 学术研究, 2014.10: 70－76.

[32] 高文武, 王虎成. 从管理思想发展趋势看文化管理与战略管理互补 [J]. 长安大学学报 (社会科学版), 2011.9: 39.

[33] 高雪冬, 刘兵, 徐千. 不同情境格局下组织公平结果变量研究——基于元分析的视角 [J]. 河北经贸大学学报, 2015.3: 92－98.

[34] 葛笑春. 协同网络: 企业与非营利组织的跨部门联盟 [M]. 浙江工商大学出版社, 2010.9: 16－19.

[35] 郭心毅, 易圣. 组织公平理论及应用研究综述 [J]. 攀登, 2015.6: 78－85.

[36] 韩亮亮, 张彩悦. 道德影响力对下属工作态度及行为的影响——基于公平感知的中介作用 [J]. 软科学, 2015.6: 86－89.

[37] 郝雨凡, 邓正来. 转型中国的社会正义问题 [M]. 广西师范大学出版社, 2013.6: 243－390.

[38] 何平鸽, 高红. 非营利组织中低层受薪职员的激励机制研究 [J]. 中共青岛市委党校青岛行政学院学报, 2014.2: 69－72.

[39] 何建华. 经济正义论 [M]. 上海人民出版社, 2004: 199.

[40] 何进日, 曹越, 黄灿. 最优财权配置论纲 [J]. 会计研究, 2007.10: 31－36.

[41] 赫尔曼·哈肯著, 郭治安译. 高等协同学 [M]. 科学出版社. 1989: 1.

[42] 贺峰. 非营利组织财务风险控制研究 [D]. 硕士学位论文, 2011.6: 7－30.

[43] 亨利·汉斯曼著，于静译．企业所有权论 [M]．中国政法大学出版社，2011：354－355．

[44] 洪洋，张志刚，杨杰．中国非营利组织的文化基础 [J]．世纪桥，2010.17：57－59．

[45] 胡建锋．基于利益相关者理论的我国非营利组织治理机制的构建 [J]．湖北社会科学，2012.4：39－42．

[46] 胡建平，干胜道．要素嵌入与财务学派 [J]．财会学习，2013.11：26－28．

[47] 胡建平，干胜道．多边治理逻辑与公司财务目标重构 [J]．会计之友，2013.32：50－52．

[48] 黄辉，唐果，贺翔．基于因子分析的浙江民营企业家捐赠意愿提升研究 [J]．科技与管理，2013.1：70－73．

[49] 康晓光，冯利．中国第三部门发展报告（2011）[M]．社会科学文献出版社，2011.1：5－7．

[50] 季元杰．协同治理．高等院校治理模式的新选择 [J]．浙江工商大学学报，2012.1：92．

[51] 蒋春燕．员工公平感与组织承诺和离职倾向之间的关系：组织支持感中介作用的实证研究 [J]．经济科学，2007.6：118－128．

[52] 蒋晶．影响我国个人捐赠者捐赠决策过程的心理机制——基于情感适应理论的实证研究 [J]．中国软科学，2014.6：44－57．

[53] 金锦萍．寻求特权还是平等：非营利组织财产权利的法律保障 [J]．中国非营利评论，2008.1：13．

[54] 康伟，李波．非营利组织财务风险与危机预警问题研究 [J]．会计之友，2009.7：37－39．

[55] 孔杰，曾维和．非营利组织的文化管理及机制转换 [J]．学术研究，2004.11：84．

[56] 里贾那·E．赫兹琳杰等．非营利组织管理 [M]．人民大学出版社，2000：6．

[57] 李超玲，钟洪．现代大学协同治理研究 [J]．江苏高教，2008.

2：34.

[58] 李冬. 基于协同治理理论的政府投资项目审计模式研究 [J]. 会计研究，2012.9：89 – 95.

[59] 李辉，任晓春. 善治视野下的协同治理研究 [J]. 科学与管理，2010.6：57.

[60] 李静，万继峰. 我国非营利组织会计信息披露现状解读 [J]. 现代财经，2006.20：30 – 33.

[61] 李科，付艳梅. 非营利组织财务脆弱性实证研究——以行业基金会为例 [J]. 中南林业科技大学学报（社会科学版），2009.5：114 – 117.

[62] 李莉，舒菲. 中国非营利组织的社会责任失范及其培育 [J]. 学会，2013.1：9 – 16.

[63] 李领臣. 公司慈善捐赠的利益平衡 [M]. 中国政法大学出版社，2012.12：43 – 121.

[64] 李玉英，宗文龙. 高校财务健康的内涵及其评价方法 [J]. 财会月刊，2006.2：72 – 73.

[65] 李莉，刘晓燕. "协同治理" 视角下的非营利组织公共供给服务 [J]. 城市观察，2012.2：17.

[66] 李霞. 新《通知》下民间 NPO 基于不完全产权的资金问题探讨——由北大法研中心撤销引发的思考 [J]. 财会通讯（综合版），2011.5：73 – 74.

[67] 李心合. 对公司财务学理论及方法论局限性的认识与批判 [J]. 会计研究，2004.10：3 – 8.

[68] 李心合. 论公司财务概念框架 [J]. 会计研究，2010.7：32 – 39.

[69] 李心合. 制度财务学研究 [M]. 大连出版社，2012.3：13，151，39 – 326，426.

[70] 李心合，李扨. 关注非营利组织内部控制 [J]. 财务与会计，2008.3：63 – 65.

[71] 厉以宁. 股份制与现代市场经济 [M]. 江苏人民出版社，1994.8：77.

[72] 廖小明, 姚元军, 林彦虎. 经济公正基本原则论析 [J]. 天府新论, 2011.6: 42-46.

[73] 林钟高, 王锴, 章铁生. 财务治理结构, 机制与行为研究 [M]. 经济管理出版社, 2005: 16.

[74] 凌辉, 夏羽, 张建人等. 自我概念的结构与发展 [J]. 中国临床心理学杂志, 2016.2: 363-367.

[75] 刘波, 马永斌, 鲁礼华. 感谢反馈来源对捐赠意愿的影响: 有调节的中介效应 [J]. 应用心理学, 2016.2: 162-172.

[76] 刘春湘. 非营利组织治理结构研究 [M]. 中南大学出版社, 2007: 56.

[77] 刘友金, 杨继平. 集群中企业协同竞争创新行为博弈分析 [J]. 系统工程, 2002.6: 22-26.

[78] 刘军华. 非营利组织董事会治理刍议 [J]. 湖北函授大学学报, 2012.11: 69-71.

[79] 刘亚, 龙立荣, 李晔. 组织公平感对组织效果变量的影响 [J]. 管理世界, 2003.3: 126-132.

[80] 卢磊, 梁才林. 政府与非营利组织互动关系研究综述 [J]. 社会福利 (理论版), 2014.6: 59-63.

[81] 卢梭著, 高修娟译. 论人类不平等的起源 (第二版) [M]. 上海三联书店, 2011.10: 18-56.

[82] 罗俊, 叶航, 汪丁丁. 捐赠动机, 影响因素与激励机制: 理论、实验与脑科学综述 [J]. 世界经济, 2015.7: 165-192.

[83] 罗福凯, 舒展, 郑晓琳. 宏观公平、微观效率: 财务管理目标的追求 [J]. 财经理论与实践, 2002.4: 78-79.

[84] 罗公利, 刘慧明, 边伟军. 山东省私人慈善捐赠因素的实证分析 [J]. 青岛科技大学学报 (社会科学版), 2009.3: 56-61.

[85] 罗华伟, 宋侃, 干胜道. 高管薪酬外部公平性与企业绩效关联性研究——来自中国 A 股上市房地产公司的证据 [J]. 软科学, 2015.1: 6-10.

[86] 骆玉鼎. 信用经济中的金融控制 [M]. 上海财经大学出版社,

2000：19 – 75.

[87] 马超，薛电芳，毛重琳. 组织公平感对离职意图的影响 [J]. 华东师范大学学报（社会科学版），2014.1：74 – 82.

[88] 马飞，孔凡晶. 基于组织承诺的组织公平与离职倾向关系的实证研究 [J]. 现代管理科学，2010.11：16 – 18.

[89] 马克思. 1844 年经济学哲学手稿 [M]. 人民出版社，2000：120.

[90] 马克思，恩格斯. 费尔巴哈 [M]. 马克思恩格斯选集第一卷. 人民出版社，1972：69.

[91] 马伊里，杨团. 企业与社会公益 [M]. 华夏出版社，2002：20 – 21.

[92] 迈克尔·桑德尔著；朱慧玲译. 公正 [M]. 中信出版社，2012.12：19 – 21.

[93] 毛勒堂. 经济正义：经济生活世界的意义追问 [D]. 复旦大学博士学位论文，2004：83.

[94] 毛刚，朱莲，郭耀煌. 西方非营利组织薪酬激励解析 [J]. 外国经济与管理，2005.7：51 – 57.

[95] 苗梅香. 非营利组织财务风险控制体系研究 [J]. 财会通讯，2015.4：59 – 61.

[96] 牟钟鉴. 从孔子仁学视角谈儒耶对话 [J]. 中国宗教，2012.6：40 – 42.

[97] 秦海英. 公平、互惠与和谐公司治理机制构建 [M]. 中国市场出版社，2011.10：106 – 126.

[98] 彭镇，戴亦一. 企业慈善捐赠与融资约束 [J]. 当代财经，2015.4：76 – 84.

[99] 乔尔·巴肯著，朱近也译. 公司：对利润与权力的病态追求 [M]. 上海人民出版社，2008：151.

[100] 任蔼堂，雷光勇. 效率与公平：企业财务目标的归属 [J]. 财经理论与实践，2000.1：65 – 68.

[101] 绳娜. 非营利组织经营风险的控制研究 [D]. 硕士学位论文，2010.11：18 – 31.

[102] 陶梦馨. 我国社会公平感影响因素的探析 [J]. 中国健康心理学杂志，2014. 2：309 - 312.

[103] 申书海，李连清. 试论公司财务治理和财务管理的关系与对接 [J]. 会计研究. 2006. 10：50 - 55.

[104] 田辉. 组织公平、组织承诺与离职倾向关系研究 [J]. 学习与探索，2014. 2：114 - 118.

[105] 田凯. 中国非营利组织理事会制度的发展与运作 [J]. 经济社会体制比较，2009. 2：139 - 144.

[106] 田雪莹. 慈善捐赠行为与企业竞争优势：基于企业社会资本的视角 [J]. 科学决策，2010. 1：79 - 85.

[107] 托马斯·皮凯蒂著，巴曙松等译. 21 世纪资本论 [M]. 中信出版社，2014. 9：241 - 485.

[108] 王安. 浅析煤炭企业集团财务健康体系的构建 [J]. 煤炭经济研究，2011. 2：84 - 86.

[109] 王朝晖. 论企业利益相关者管理 [J]. 特区经济，2006. 12：193 - 194.

[110] 王灿，干胜道，孙维章. 员工薪酬财务公正性测度研究——基于四川省上市公司的经验数据 [J]. 四川大学学报（哲学社会科学版），2012. 5：105 - 113.

[111] 王灿，王文兵，干胜道. 劳动密集型上市公司劳资财务公平评价研究——来自 2004—2011 年中国证券市场的经验证据 [J]. 审计与经济研究，2013. 6：54 - 63.

[112] 王建军，曾巧. 我国社区非营利组织建设中的问题及对策分析 [J]. 社会科学研究，2003. 3：113.

[113] 王黎华，干胜道. 强化企业员工财务管理职能初探——基于企业财务公平的视角 [J]. 会计之友，2014. 30：37 - 40.

[114] 王名. 中国 NGO 口述史（第二辑）[M]. 社会科学文献出版社，2014：181 - 291.

[115] 王名. 非营利组织管理概论 [M]. 中国人民大学出版社，2002：

2 - 6.

[116] 王名, 李勇, 黄浩明. 香港非营利组织 [M]. 社会科学文献出版社, 2015: 123 - 128.

[117] 王名, 徐宇珊. 基金会论纲 [M]. 中国非营利评论第二卷. 社会科学文献出版社, 2008.1: 17 - 18.

[118] 王锐兰. 解读非营利组织绩效评价——基于民主政治视野的研究 [M]. 上海人民出版社, 2009: 57.

[119] 王文兵, 干胜道. 从利润分配到增值额分享——基于财务公平视角 [J]. 新会计, 2013.10: 45 - 47.

[120] 王祥俊等. 现代企业文化 [M]. 漓江出版社, 1995: 8 - 12.

[121] 王珮珩. 基于财务健康评价的房地产上市公司财务预警实证研究 [D]. 东北财经大学硕士学位论文, 2012.11: 1 - 2.

[122] 王逸远. 非营利组织也存在盈余管理. 延安职业技术学院学报 [J]. 2015.2: 14 - 15.

[123] 王宇光, 潘越, 黄丽. 企业慈善捐赠: 公益付出还是另有所图 [J]. 财贸研究, 2016.1: 133 - 141.

[124] 王竹泉, 隋敏. 控制结构 + 企业文化: 内部控制要素新二元论 [J]. 会计研究, 2010.3: 32.

[125] 沃尔德马·尼尔森著; 程遁欣, 郑胜天译. 大捐赠者传奇 [M]. 浙江大学出版社, 2013.11: 91 - 93.

[126] 吴光. 中华传统文化的核心理念及其当代价值 [J]. 社会科学战线, 2013.2: 1 - 6.

[127] 伍中信. 现代公司财务治理理论的形成与发展 [J]. 会计研究, 2005.10: 13 - 18.

[128] 伍中信, 曹越, 张荣武. 财务动态治理论纲 [J]. 财经理论与实践, 2007.3: 77 - 82.

[129] 吴玉章, 谢海定, 刘培峰. 中国民间组织大事记 [M]. 社会科学文献出版社, 2010.4: 19 - 180.

[130] 夏小丹. 非营利组织绩效评价体系的构建 [J]. 中国乡镇企业会

计，2015.9：186 - 188.

[131] 谢烨，周军.情绪和框架效应对个体捐赠决策影响的实验研究 [J].心理科学，2012.4：951 - 956.

[132] 谢志华.内部控制：本质与结构 [J].会计研究，2009.12：70 - 75.

[133] 熊婷，程博，王建玲.非营利组织财务开发策略的博弈分析——与政府和营利组织合作视角 [J].数学的实践与认识，2013.11：58 - 65.

[134] 熊筱燕，康玉珠，赵自强.非营利组织财务风险预警模型研究 [J].工业技术经济，2007.2：153 - 155.

[135] 徐家良，郝斌，卢永斌.个人被动捐赠影响因素的探索性研究 [J].学习与实践，2015.3：34 - 41.

[136] 薛永基，杨志坚，李健.慈善捐赠行为对企业品牌资产的影响——企业声誉与风险感知的中介效应 [J].北京理工大学学报（社会科学版），2012.4：58 - 66.

[137] [美] 亚瑟·C.布鲁克斯.谁会真正关心慈善 [M].社会科学文献出版社，2008：56 - 77.

[138] 阎达五，宋建波.双元控制主体构架下现代企业会计控制的新思考 [J].会计研究，2000.3：5.

[139] 颜克高.公益基金会的理事会特征与组织财务绩效研究 [J].中国经济问题，2012.1：84 - 91.

[140] 颜克高，陈晓春.非营利组织管理者的报酬与激励 [J].商业会计，2006.9：6 - 8.

[141] 颜克高，陈晓春.非营利组织财务绩效评价的实证研究 [J].统计与决策，2011.3：148 - 150.

[142] 杨春江，逯野，杨勇.组织公平与员工主动离职行为：工作嵌入与公平敏感性的作用 [J].管理工程学报，2014.1：16 - 25.

[143] 杨红，秦利，安姝敏.非营利组织财务风险的防治与控制 [J].沈阳农业大学学报，2004.3：15 - 17.

[144] 杨淑娥.关于财务管理概念框架的几个问题探讨 [J].上海立信

会计学院学报，2011.3：34－41.

［145］杨玉文，李慧明，翟庆国. 工作满意度量表在我国的适用维度研究［J］. 统计与决策，2010.5：160－162.

［146］于国旺. 非营利组织财务激励相关问题探讨［J］. 商业会计，2012.6：97－99.

［147］于国旺. 非营利组织财务治理的经济学分析［J］. 审计与经济研究，2007.3：66－71，76.

［148］翟淑萍，顾群，霍欣欣. 慈善捐赠、融资约束与股权再融资［J］. 中国财经政法大学学报，2015.2：134－142.

［149］张思强，朱学义. 薪金激励与民间非营利组织公益绩效提升：逻辑与现实［J］. 社会科学家，2014.9：59－63.

［150］张小江，戚振林. 组织公平行为理论及其应用研究［J］. 心理学动态，2001.4：352－360.

［151］张洪武. 非营利组织利益相关者责任治理研究［J］. 中共天津市委党校学报，2008.1：48－52.

［152］张立荣，冷向明. 协同治理与我国公共危机管理模式创新——基于协同理论的视角［J］. 华中师范大学学报（人文社会科学版），2008.3：12.

［153］张立民，李晗. 国外非营利组织监督机制研究综述［J］. 南京审计学院学报，2012.5：9－17.

［154］张立民，李晗. 我国基金会内部治理机制有效吗？［J］. 审计与经济研究，2013.2：79－88.

［155］张进美，刘武，刘天翠. 城乡居民个人慈善捐赠行为差异实证研究［J］. 社会保障研究，2013.4：79－85.

［156］张培莉，张爱民. 试论非营利组织在 VBM 框架下的绩效评估［J］. 生产力研究，2008.14：130－132.

［157］张晓亮. 财务管理概念框架之批判反思［J］. 财会月刊，2014.7：11－13.

［158］张远凤. 非营利组织管理：美国的经验及启示［J］. 福建论坛

（经济社会版），2002.7：67.

[159] 张振颖. 非营利组织公共性持有的初始逻辑和现实困境 [J]. 管理观察，2008：17－19.

[160] 曾国屏. 竞争和协同：系统发展的动力和源泉 [J]. 系统辩证学学报，1996.4：7－11.

[161] 周锋. 公平与效率财务资金优化配置的两难选择 [J]. 财会研究，1999.6：17－18.

[162] 周婧，杨小青，华阳. 企业、非营利组织及公共部门委托代理关系比较研究 [J]. 财会通讯（综合版），2013.9（下）：76－79.

[163] 周美芳. 论非营利组织治理理论与我国非营利组织治理的方向 [J]. 经济纵横，2005.8：58－61.

[164] 周晓琳，胡捷，彭璐. 社会情境影响公平感知及相关行为的神经机制 [J]. 心理与行为研究，2015.13（5）：591－598.

[165] 赵春雷. 社会主体捐赠意愿的形成与转化 [J]. 学海，2016.3：111－118.

[166] 赵芬芬，杜兰英. 基于组织动员情境的员工捐赠意愿影响因素研究 [J]. 科技与管理，2016.2：98－104.

[167] 赵红建，范一博，贾钢. 慈善捐赠、企业绩效与融资约束 [J]. 经济问题，2016.6：109－115.

[168] 赵伟. 财务信息披露过程的公平性分析 [J]. 学术探索，2014.8：33－34.

[169] 周旭亮. 非营利组织"第三次分配"的财税激励制度研究 [M]. 经济科学出版社，2010.12：36－61.

[170] 朱宇. 非营利组织财务绩效模糊综合评价研究 [J]. 财会通讯，2009.9：51－52.

[171] 邹永松. 基于文化管理视野的高等教育管理机制研究 [J]. 中国校外教育（理论），2010.12：378.

[172] Al－Zubi H A. A study of relationship between organizational justice and job satisfaction [J]. International Journal of Business and Management，2010，

5（12）：102 – 109.

［173］Baker M J，Churchill G A Jr. The impact of physically attractive models on advertising evaluations ［J］. Journal of Marketing Research，1977，14（4）：538 – 555.

［174］Barsky A，Kaplan S A. If You Feel Bad，it's unfair：a quantitative synthesis of affect and organizational justice perceptions ［J］. Journal of Applied Psychology，2007（92）：286 – 295.

［175］Bateman T S，Organ D W. Job satisfaction and the good soldier：the relationship between affect and employee "citizenship" ［J］. Academy of Management Journal，1983（26）：587 – 595.

［176］Becker H S. Notes on the concept of commitment ［J］. American Journal of Sociology，1960（66）：32 – 42.

［177］Bloomington Anderson A. Ethics for fundraisers ［M］. Indiana University Press，1996：66.

［178］Colquitt J A，Conlon D E，Wesson M J，Porter COLH，Ng K Y. Justice at the millennium：a meta-analytic review of 25 years of organizational justice research ［J］. Journal of Applied Psychology，2001（86）：425 – 445.

［179］Cyril F. Chang，Howard P. Tuckman. Why do nonprofit managers accumulate surpluses，and how much do they accumulate? ［J］. Nonprofit Management and Leadership，1990，1（2）：117 – 135.

［180］Cyril F. Chang，Howard P. Tuchman. Financial vulnerability and attrition as measures of nonprofit performance ［J］. Annals of Public & Cooperative Economics，1991，62（4）：655 – 671.

［181］David M，Can Slyke，Arthur C. Brooks. "Why do people give? New evidence and strategies for nonprofit managers" ［J］. American Review of Public Administration，2005，35（3）：199 – 222.

［182］Dennis R. Young. Casebook of management for nonprofit organizations ［M］. New York：Haworth Press，1986.

［183］Dennis R. Young. How nonprofit organizations manage risk ［J］. Paid and Unpaid Labour in the Social Economy. AIEL Series in Labour Economics, 2009: 33 – 46.

[184] Dudovon Eckardstein, Ruth Simsa. Strategic management: a stakeholder-based approach [J]. Future of Civil Society, 2004: 407 – 421.

[185] Dyl E A, Frant H L, Stephenson C A. Governance structure and performance of not-for-profit corporations: evidence from medica lresearch charities [R]. Paper Presented at Forum. University of Arizona, Tucson, 1996. January.

[186] Ettie Tevel, Hagai Katz, David M. Brock. Nonprofit financial vulnerability: testing competing models, recommended improvements, and implications [Z]. International Society for Third – Sector Research, 2014. 10. 15. published online.

[187] Fama, Jensen. The separation of ownership and control [J]. Journal of Law and Economics, 1983 (26): 301 – 325.

[188] Farh J L, Earley P C, Lin S C, Impetus for action: a cultural analysis of justice and organizational citizenship behavior in Chinese society [J]. Adminis Trative Science Quarterly, September 1997 (42): 421 – 444.

[189] Ghoul, Guedhami O, Kwok C Y, Mishra D R. Does corporate social responsibility affect the cost of capital? [J]. Journal of Banking and Finance, 2011. 35 (9): 2388 – 2406.

[190] Grant A M, Gino F. A little thanks goes a long way: explaining why gratitude expressions motivate prosocial behavior [J]. Journal of Personality and Social Psychology, 2010 (98): 946 – 955.

[191] Greenberg J, Bies R J, Eskew D E. Establishing fairness in the eye of the beholder in R. A. Giacalone and P. Rosenfeld (Eds.) [J]. How Image – Making Affects Managerial Decisions, 1991 (135): 111 – 132.

[192] Herman, Melanie L, Head, George L, Jackson, Peggy M, Fogarty Toni E. Managing risk in nonprofit organizations: a comprehensive guide [M]. John Wiley & Sons, Inc, 2004: 43 – 191.

[193] Herrington J. Bryce. Financial and strategic management for nonprofit

organizations [M]. FT Press, 2000: 1 – 8.

[194] James K. The social context of organizational justice: cultural, intergroup, and structural effects on justice behaviors and perceptions [M]. Cropanzano R. Justice in the Workplace. N J: Erlbaum, Hillsdale, 1993: 21 – 50.

[195] Janet S. Greenlee, John M. Trussel. Predicting the financial vulnerability of charitable organizations [J]. Nonprofit Management and Leadership, 2000, 11 (2): 199 – 210.

[196] Jason A. Colquitt. On the dimensionality of organizational justice: a construct validation of a measure [J]. Journal of Applied Psychology, 2001 (86): 386 – 400.

[197] Jasper Hsieh, Kerry P. Curtis, Anne W. Smith. Implications of stakeholder concept and market orientation in the US nonprofit arts context [J]. International Review on Public and Nonprofit Marketing, Vol. 5, Issue 1, June 2008: 1 – 13.

[198] Kiger Joseph C. Philanthropic foundations in the twentieth century [M]. Greenwood Press, 2000: 4.

[199] Marek Rymsza, Annette Zimmer. Embeddedness of nonprofit organizations: government-nonprofit relationships [J]. Future of Civil Society, 2004: 169 – 197.

[200] Melendez Sara. The nonprofit sector and accountability [J]. New Directions for Philanthropic Fundraising, 2001 (31): 121 – 132.

[201] Michael Bassous. What are the factors that affect worker motivation in faith-based nonprofit organizations? [J]. VOLUNTAS: International Journal of Voluntary and Nonprofit Organizations, Vol. 26 Issue 1, Feb 2015: 355 – 381.

[202] Michael Krashinsky. Stakeholder theories of the non-profit sector: one cut at the economic literature [J]. Springer US, 2003: 125 – 136.

[203] Mitchell Ronald K, Agle Bradley R, Wood Donna J. Toward a theory of stakeholder ientification and salience: defining the principle of who and what really counts [J]. Academy of Management Review, 1997. 10. Vol. 22 Issue 4:

853 – 886.

[204] Natalie J. Allen. The measurement and antecedents of affective, continuance and normative commitment to the organization [J]. Journal of Occupational Psychology, 1990 (63): 1 – 18.

[205] Olson D E. Agency Theory in the not-for-profit sector: its role at independent colleges [J]. Nonprofit and Voluntary Sector Quarterly, 2000 (2): 280 – 296.

[206] Organ D W. The motivational basis of organizational citizenship behavior [J]. Research in Organizational Behavior, 1990 (12): 43 – 72.

[207] Paul E. Spector. Measurement of human service staff satisfaction: development of the job satisfaction survey [J]. American Journal of Community Psychology, 1985. Vol. 13, No. 6: 693 – 713.

[208] Rikki Abzug, Natalie J. Webb. Rational and extra-rational motivations for corporate giving: complementing economic theory with organization science [J]. N. Y. L. Sch. L. Rev, 1997 (41): 1039.

[209] Rikki Abzug, Natalie J. Webb. Relationships between nonprofit and for-profit organizations: a stakeholder perspective [J]. Nonprofit and Voluntary Sector Quarterly, Vol. 28, No. 4, December 1999: 416 – 431.

[210] Rita Kottasz. "Difference in the donor behavior characteristics of young affluent males and females: empirical evidencefrom Britain" [J]. International Journal of Voluntary and Nonprofit Organizations, 2004, 15 (2): 181 – 204.

[211] Rob Thomas, Richard Trafford. Were UK culture, sport and recreation charities prepared for the 2008 economic downturn? An Application of Tuchman and Chang's Measures of Financial Vulnerability [J]. International Society for Third – Sector Research, 2013 (24): 630 – 648.

[212] Sargeant A, Ford J B, West D C. Perceptual determinats of nonprofit giving behavior [J]. Joural of Business Research, 2006, 59 (2): 155 – 165.

[213] Scanlan E A, Dillon – Merrill R. Risky business: understanding and

managing risk in the nonprofit sector [J]. Wise Decision-making in Uncertain Times. Foundation Center and National Center on Nonprofit Enterprise, New York, 2006.

[214] See Dennis D. Pointer, James E. Orlikoff, The high-performance board: principles of non-profit organization governance [J]. The Jossey – Bass Nonprofit and Public Management Series, 2002: 1 – 2.

[215] Siciliano J I. The relationship of board member diversity to organizational performance [J]. Journal of Business Ethics, 1996 (12): 1313 – 1320.

[216] Trussel J M. Revisiting the prediction of financial vulnerability [J]. Nonprofit Management and Leadership, 2002, 13 (1): 17 – 31.

[217] Tyler T. Psychological models of the justice motive: antecedents of distributive and procedural justice [J]. Journal of Personality and Social Psychology, 1994 (67): 850 – 863.

[218] Van Puyvelde Stijn, Caers Ralf, Du Bois Cind, Jegers Marc. The governance of nonprofit organizations: integrating agency theory with stakeholder and stewardship theories [J]. Nonprofit & Voluntary Sector Quarterly, 2012. Vol. 41 Issue 3: 431 – 451.

[219] Wayne G. Bremser. Accountants for the public interest: strategy implementation and performance measurement for a nonprofit organization [J]. Journal of Accounting Education, 2001.

[220] William J. Ritchie. Nonprofit organization financial performance measurement: an evaluation of new and existing financial performance measures Japanese management in change, the impact of globalization and market principles [J]. Nonprofit Management and Leadership, 2003 (4): 367 – 381.

[221] Yasunari Takaura. The social roles of Japanese companies under the "new public" policy: how they collaborated with nonprofit organizations to rescue the areas affected by the great east Japan earthquake of 2011 [J]. Japanese Management in Change: The Impact of Globalization and Market Principles, 2015: 51 – 64.

［222］Young D R. The prospective role of economic stakeholders in the governance of nonprofit organizations ［J］. VOLUNTAS：International Journal of Voluntary and Nonprofit Organizations. Vol. 22， Issue 4， December 2011：566 – 586.

［223］Yuko Suda. Changing relationships between nonprofit and for-profit human service organizations under the long-term care system in Japan ［J］. VOLUNTAS：International Journal of Voluntary and Nonprofit Organizations. Volume 25， Issue 5， 2014：1235 – 1261.

后　记

本书是在我的博士论文基础上修改而成的，也是对我在四川大学三年学习时光的一个交代。2005年，我的硕士学位论文是《我国非营利组织财务机制研究》，自那时起，我的研究兴趣就定格在政府及非营利组织财务方向。2014年到四川大学之后，我有幸投在干胜道教授门下，更加深入研究政府及非营利组织财务问题，在干老师的指导下，完成了博士学位论文《企业财务公平理论在非营利组织中的应用研究》，使我对政府及非营利组织财务的认识提高到一个崭新阶段。本书如果说尚有一定的学术价值和可取之处的话，那首先要感谢我的导师干胜道教授，从博士论文写作到修改成书，无不倾注干老师大量的心血和精力，多次在关键之处给予点拨，在困惑之时给予激励。干老师渊博的学识、严谨的治学态度、执着的钻研精神和精益求精的作风是我终生学习的楷模。在此，向我的导师干胜道教授致以最诚挚的敬意！

我还要感谢四川大学商学院的毛道维教授、任佩瑜教授、程宏伟教授、王虹教授、王元地教授、王良成博士等，他们不仅使我学到了专业知识，也激发了我的研究兴趣，进一步开拓了我的理论视野。

我还要感谢给予我帮助的朋友们！公募基金会出资者问卷调查得到了他们的支持，使我获取了宝贵的第一手数据。我的挚友冯林燕老师，在实证工具应用方面给予了无私帮助，并对书稿有关内容提出了有益建议。

我还要感谢安徽财经大学会计学院的领导和同事！他们为我安心学习和研究提供了诸多便利和帮助。

最后，我要感谢我的家人，他们无私的爱让我勇敢地去面对困难，投入学习与研究工作中。

本书出版得到安徽财经大学学术著作出版基金的资助，特此致谢！

李霞

2018 年 10 月于蚌埠